PAGNY
UNE VIE EN CHANSONS

34-36, rue La Pérouse
75116 Paris
Ouvrage dirigé par Clément Ronin

Graphisme de couverture : Christophe Petit
Photo de couverture : © Joel Saget/ AFP
ISBN : 9782755672725
Dépôt légal : novembre 2024
Imprimé en France par CPI Bussière

VALÉRIE ALAMO

PAGNY
UNE VIE EN CHANSONS

Hugo Doc

« Celui qui dit qu'il est arrivé, c'est qu'il n'est pas allé bien loin. »

Jean Carmet

SOMMAIRE

AVANT-PROPOS

Ma première grande émotion avec Florent Pagny date de la fin des années quatre-vingt-dix. Le chanteur est à l'affiche de « Concert d'un soir », enregistré dans les studios de RTL, situés alors rue Bayard, à Paris. Configuration des lieux oblige, le public se tient debout à quelques mètres de l'artiste. Les premières notes annoncent « Caruso »… L'instant se fait solennel. « Qui dove il mare luccica/ E tira forte il vento/ Sulla vecchia terrazza/ Davanti al golfo di Surriento… » Florent Pagny commence à chanter. Je suis au premier rang, et je vibre littéralement. La voix est si puissante que mon corps semble faire caisse de résonance. Ce « Caruso »-là, je ne l'oublierai jamais… Comment une telle voix peut-elle sortir d'un corps aussi menu ? Quand il chante, Florent Pagny s'anime, il prend âme…

Début des années deux mille. Je m'installe dans un petit village de Saône-et-Loire, à trente kilomètres, sans le savoir, du berceau familial de Florent Pagny. Je vais l'apprendre rapidement. L'expression « Nul n'est prophète en son pays » est obsolète dans ces contrées bourguignonnes. Les Saône-et-Loiriens sont fiers d'appartenir à la même terre que Florent Pagny, fiers de voir l'un des leurs réussir sans pour autant oublier d'où il vient. C'est cet amour désintéressé et ce respect profond envers l'artiste qui me donnent un jour l'envie d'écrire sa biographie.

Je me rends devant l'école Henri-Clément, à Saint-Rémy, près de Chalon-sur-Saône, où le petit Florent a appris à lire et à écrire. Là où tout a commencé, ou presque. Je songe au fait qu'un petit garçon de cette école a chanté un jour avec Pavarotti et s'est installé dans une terre du bout du monde dont il est le meilleur ambassadeur. Je ne connais que des bribes de l'aventure. Je suis impatiente d'en découvrir la suite !

En septembre 2017, nous voilà, Stéphane Deschamps – le coauteur de l'ouvrage – et moi dans la loge de Florent Pagny, à Lille, pour l'interviewer quelques heures avant son concert. Un entretien exclusif avec l'artiste, tel est le sésame exigé par notre éditeur de l'époque pour signer un contrat. L'interview est délicieuse, à l'image du chanteur, à l'image de l'homme. Si on découpe dans du papier calque deux personnages, l'un public et l'autre privé, et que l'on glisse les papiers l'un sous l'autre, ils ne forment qu'un. Florent Pagny est entier. Une personne vraie, et non un personnage fictif…

Grâce au « Oui » de Florent Pagny, le livre est né et je suis devenue biographe. Et je n'ai jamais osé vous dire « Merci », cher Florent…

Il était sans doute écrit que je n'allais pas quitter de sitôt le sillage de Florent Pagny. Mon éditeur, Clément Ronin, après m'avoir confié l'écriture de *Souchon, une vie en chansons*, m'offre un nouveau projet : *Pagny, une vie en chansons*. Il est rare que ce genre d'ouvrage soit consacré aux interprètes, et j'apprécie la démarche de redonner une vraie place à la chanson populaire avec laquelle j'ai grandi. Après la vie de Florent Pagny, je plonge avec appétit dans son œuvre, qui se fait le témoin de cette existence hors du commun.

Dans « Du bruit avec ma bouche », l'artiste chante : « Qu'est-ce que tu f'ras quand tu s'ras grand ?/ J'veux faire du bruit avec ma bouche/ Tout ça, c'est des mots, c'est du vent/ Oui, mais c'est si bon quand ça touche/ Un bout du cœur des gens. » Bien plus qu'un petit bout, cher Florent… Comment vous dire « Merci » pour cet essentiel-là ?

« N'IMPORTE QUOI »

C'EST EN CHANTANT « N'IMPORTE QUOI » QUE L'ON DEVIENT FLORENT PAGNY

Florent Pagny chante comme il respire, et ce depuis l'enfance. Sa voie semble toute tracée. À 15 ans, il monte à Paris pour réaliser son rêve mais se laisse happer durant sept ans par le cinéma. Ne trouvant pas de rôle à sa taille, il revient à ses premières amours. Et dès l'entame de sa carrière de chanteur, Florent Pagny doit son salut au public.

Au cours de l'année 1988, le Top 50, seul classement officiel des ventes de singles créé quatre ans plus tôt, voit caracoler en tête Guesch Patti avec « Étienne », Sabrina avec « Boys », Glenn Medeiros avec « Nothing's Gonna Change My Love for You », Sandy Stevens avec « J'ai faim de toi », Début de soirée avec « Nuit de folie », Glenn Medeiros cette fois accompagné d'Elsa avec « Un roman d'amitié », Paco avec « Amor de mis amores », Mylène Farmer avec « Pourvu qu'elles soient douces » et… Florent Pagny avec « N'importe quoi », restée numéro un durant sept semaines consécutives.

Pourtant, l'artiste n'a jamais voulu être chanteur. Il est *né* chanteur, comme il le répète à l'envi. Il le sait depuis la découverte, à l'âge de 11 ans, d'un trésor inestimable au fond de sa gorge : sa voix. Grippé, il est privé d'école. Seul à la maison, le gosse hyperactif s'ennuie. Il glisse alors sur l'électrophone le 45 tours « Il » de Gérard Lenorman et commence à chanter par-dessus, accompagnant ainsi le chanteur : « Il habite dans le froid/ Il n'a plus ni père ni mère. » Florent Pagny trouve l'exercice aisé et, lorsque vient le refrain, il suit l'envolée avec une facilité déconcertante : « Oui, mais il parle aux oiseaux/ Au soleil et aux forêts. » La puissance de sa voix le stupéfie. Il prend toutes les notes, et bien au-delà encore. « J'y vais, et la voix se met à sortir. Je devenais mon premier spectateur. J'étais étonné et je me disais qu'il y avait un truc vachement brut, mais joli. J'ai réalisé que j'avais un don naturel, une voix pas comme les autres.[1] »

À 15 ans passés, il convainc ses parents de le laisser partir tenter sa chance à Paris. Sa détermination et son pouvoir de persuasion sont tels que son père et sa mère acceptent. L'adolescent prend le train à Bonneville, en Haute-Savoie, où la famille Pagny s'est établie depuis quelques années, pour rejoindre la capitale. Il apprend les techniques du chant lyrique au conservatoire Maurice-Ravel de Levallois-Perret avec Inès Gaétan, mais au moment de passer le concours d'entrée au Conservatoire national auquel l'a préparé sa professeure, il renonce à ce privilège. À 18 ans, il préfère se laisser griser par les nuits parisiennes, une activité nocturne incompatible avec la discipline à laquelle aurait dû s'astreindre le baryton Martin qu'il est.

Engagé comme barman au *Broadway Melody*, une boîte gay située dans le quartier des Halles, rue de la Ferronnerie,

1. Nostalgie Belgique, 3 novembre 2017.

il y rencontre Dominique Besnehard qui commence à se faire un nom comme directeur de casting. « Un jour débarque Besnehard, il préparait *Diva* de Jean-Jacques Beineix et me demande si je ne connais pas un petit mec de 18 ans pour jouer un jeune postier fou d'opéra. Je lui dis : "Mais c'est drôle ce que tu me racontes car je chante de l'opéra, je suis chanteur. Le jeune facteur, c'est moi ![2] » Il passe le casting mais ne décroche pas le rôle. Néanmoins, Besnehard croit en son potentiel d'acteur et lui permet d'intégrer l'agence artistique de Marceline Lenoir.

Si Florent Pagny joue sous la direction de grands réalisateurs et donne la réplique à des acteurs phares – tels Jean-Paul Belmondo dans *L'As des as* de Gérard Oury, Nathalie Baye, Philippe Léotard et Richard Berry dans *La Balance* de Bob Swaim, Jacques Perrin dans *L'Honneur d'un capitaine* de Pierre Schoendoerffer, Gérard Depardieu, Sophie Marceau et Philippe Noiret dans *Fort Saganne* d'Alain Corneau ou encore Coluche dans *Inspecteur la Bavure* de Claude Zidi –, il est frustré, au fil des années, non seulement de ne pas être un premier rôle, mais aussi de n'avoir pas eu *le* rôle lui permettant de changer de dimension. « Je n'ai jamais eu un rôle où je me suis dit "Ce rôle-là, j'aurais pu le jouer parfaitement". Alors j'ai décidé qu'au lieu de jouer dans un film j'allais être le héros du film de ma vie, et pour y parvenir, ma seule issue était d'écrire ma chanson.[3] »

Au cours de toutes ces années, Florent Pagny ne perd pas son objectif de vue : chanter. La journée, il court de casting en casting, et le soir, on le retrouve dans les pianos-bars du quartier des Halles, notamment au *20 aux Halles* avec Alain

---

2. *Florent Pagny, l'homme qui marche*, Valérie Alamo et Stéphane Deschamps, Éditions Hors Collection, 2018.
3. *Ibid.*

Lanty et Patrick Bruel. Laissant ses camarades revisiter les standards de la chanson française et internationale, Pagny, lui, n'a qu'une chanson à son répertoire : « My Way » de Frank Sinatra, l'adaptation anglaise de « Comme d'habitude » de Claude François. Il la chante en yaourt, sa langue préférée, et remporte un franc succès.

Mais c'est dans un autre bar parisien que le chauffeur et garde du corps de Gérard Louvin l'entend un soir et va bouleverser son destin. Assis au piano, Florent Pagny interprète, toujours en yaourt, « The Rose », la chanson de Bette Midler extraite du film du même nom réalisé par Mark Rydell. Les trois accords de la chanson lui ont été appris quelques années auparavant par son colocataire du moment, Bruno Aznar, pianiste et compositeur de jazz.

Le chauffeur parle de sa découverte à son patron, et la perle rare est convoquée dans les bureaux de Gérard Louvin. Au piano, Florent Pagny se débrouille avec ces trois accords et ces paroles approximatives, misant tout sur son point fort : l'interprétation. L'émotion est au rendez-vous, et Gérard Louvin est séduit au point de lui faire signer un contrat dans la foulée. En 1982, si celui-ci n'est pas encore un producteur de télévision renommé, il vient de donner le jour à sa société de production, Glem (Gérard Louvin éditions musicales), et recherche de jeunes talents. À 21 ans, Pagny est l'un d'eux. Mais, jusqu'en 1986, tout reste figé…

Florent Pagny enregistre diverses maquettes sans trouver véritablement la chanson qu'il ait envie de défendre. Il est convaincu que, plus encore que le chanteur, l'important reste la chanson. Il l'a appris à ses dépens et ne l'oublie pas. Il se souvient du temps où, adolescent, il remporte tous les concours de chant avec « La Fiesta bohémienne » de Luis Mariano, jusqu'au jour où, par excès de confiance, il décide de changer de chanson au dernier moment et termine deuxième. Pagny a retenu la leçon. Juré dans « The Voice », c'est le premier conseil qu'il donne aux apprentis chanteurs : « Ne vous trompez pas de chanson. »

Le contrat avec Louvin finit par arriver à échéance, mais Pagny, fidèle, n'a pas la mémoire courte. Une date de péremption ne va pas entacher sa reconnaissance envers le premier qui lui a tendu la main en tant que chanteur. C'est avec lui qu'il fera son premier disque.

Florent Pagny attendait le moment adéquat pour abattre sa carte maîtresse. Il est prêt, et pour ne pas gâcher ses chances de réussite, n'ayant plus de rôle ni au cinéma ni dans les téléfilms, il a le culot de solliciter un prêt de soixante mille francs à sa banque, ce qui lui permettra d'avoir l'esprit libre pour créer sans perdre son énergie à courir le cachet pour manger. Et il l'obtient ! Il y a chez Florent Pagny une aptitude à convaincre car il ne raconte pas d'histoires. Il n'y a pas d'entourloupe. Son discours est sincère. Il va devenir chanteur et rembourser ses dettes.

En revanche, ne trouvant aucun auteur-compositeur pour habiller sa voix, il va devoir se débrouiller seul.

Une nuit, alors qu'il rentre grisé d'une soirée bien festive, il fonce à l'étage où se trouve le piano dans la maison de Nogent-sur-Marne qu'il occupe avec une bande d'amis. Il se sent comme habité et reste des heures à jouer avec les notes avant de trouver une mélodie qui se tient, une mélodie dans laquelle il glisse des envolées qui mettent sa voix en valeur, avec un final emprunté à la fin de la chanson « With or Without You » de U2, qu'il adore. La naissance de la chanson semble une évidence, un peu comme si elle avait mûri en lui et que c'était le bon moment pour l'extérioriser.

Après une nuit de récupération, une angoisse étreint Florent Pagny : « Et si la mélodie s'était évanouie dans les bras de Morphée ? » « J'ai trouvé le truc au moment où je suis le moins étanche. Je suis remonté au piano, tout le monde dormait dans la baraque où j'étais en colocation, et la musique est revenue. J'ai trouvé l'intégralité de la mélodie, le squelette musical de ma première chanson. Je me rends dans le bureau de Louvin et je la chante en yaourt. Il me dit : "On dirait Éric Charden, il arrive toujours avec de superbes mélodies et dès que l'on remplace le yaourt par des mots en français, les chansons sonnent moins bien."[4] »

Glem se met en quête de trouver un auteur pour mettre des mots sur cette mélodie. Mais rien ne convient à Florent Pagny qui s'entend rétorquer : « Eh bien, fais-la, toi, la chanson ! » N'étant pas auteur, il va puiser dans sa vie personnelle et mettre en exergue un thème qui le préoccupe : les ravages de la drogue. Il voit son ami le comédien belge Riton Liebman s'enfoncer dans des paradis artificiels très loin d'être paradisiaques. Pour avoir déjà perdu des proches, il sait que la chimie gagne trop souvent à la fin. Dans son autobiographie, il confie : « C'est aussi à moi que je m'adresse quand j'écris ce soir-là. Je ne suis plus le jeune homme qui se tient hors des dangers des drogues qui l'entourent. Je me suis approché et j'ai plusieurs fois franchi la ligne… Ecstasy, coke… Ce genre de conneries. Je sais que ce n'est pas un chemin fréquentable. C'est bien sûr ce qui m'attire. Mais je sais aussi que c'est n'importe quoi et qu'il va falloir arrêter très vite.[5] »

En matière de substances illicites, Florent Pagny se cantonne, et ce jusqu'à la découverte de son cancer du poumon en 2022, au cannabis, qui représente pour lui une aide thérapeutique précieuse pour canaliser l'hyperactivité dont il souffre depuis l'enfance.

---

4. *Ibid.*
5. *Pagny par Florent*, Florent Pagny, Éditions Fayard, 2023.

Contrairement à une rumeur qui a la vie dure, la chanson n'est pas dédiée à son frère aîné Frédéric. La méprise provient du fait que ce dernier apparaît dans le clip de la chanson, réalisé par Florent Pagny lui-même, sur la piste du Cirque d'Hiver, laissant penser que le chanteur s'adresse à lui.

Pour en revenir aux paroles, peu sûr de lui, Florent Pagny demande à Marion Vernoux, une amie qui manie la plume avec aisance et qui deviendra plus tard réalisatrice, de relire son texte afin de corriger, le cas échéant, les fautes d'orthographe. Subtilement, elle efface toute évocation directe à la drogue, préférant ouvrir le texte à toutes les addictions et permettant ainsi à un plus grand nombre de personnes de se reconnaître. Grand seigneur, Florent Pagny lui propose de cosigner la chanson.

Chez Glem, la chanson est adoubée. Florent Pagny l'enregistre avec les musiciens du groupe Préface, Jean-Yves D'Angelo et Kamil Rustam. Entre-temps, Pagny a modifié son titre. « Dis-moi », son premier choix, lui semble trop tiède et peu évocateur. Il opte pour « N'importe quoi », au grand dam de Gérard Louvin. Mais, un brin provocateur, Florent Pagny se délecte déjà d'entendre les animateurs radio prononcer la phrase magique : « Et maintenant, voici Florent Pagny qui chante "N'importe quoi" ! »

Néanmoins, avant d'entendre cette fameuse phrase, le chanteur va devoir patienter. La chanson sort courant 1987, et c'est la douche froide. Le disque finit immanquablement dans la poubelle des programmateurs les plus en vue, quelque peu désorientés par le titre qu'ils entendent.

Pagny n'entre dans aucune de leurs cases. Certes, sur la pochette, il apparaît avec une gueule d'ange, en Perfecto et avec des boucles à chaque oreille, mais sa voix puissante et sa manière d'interpréter sa chanson le ramènent dans un sillage plus classique, celui de Johnny Hallyday ou de Michel Sardou, qui n'intéresse pas le jeune public.

C'est alors que Florent Pagny peut mesurer sa chance d'avoir signé avec Gérard Louvin, qui entre-temps est devenu le producteur de « Sacrée Soirée », l'une des plus grosses émissions de variétés du moment.

Croyant au talent de son poulain, Louvin, désormais homme de poids en télévision, contacte son alter ego radio Max Guazzini, directeur des programmes, directeur général et vice-président de NRJ. Les deux hommes sont fâchés, mais pour Louvin, le jeu en vaut la chandelle. Louvin et Guazzini se donnent rendez-vous au Midem, à Cannes, fin janvier 1988, et font des comptes d'apothicaire. Louvin promet d'afficher le logo de NRJ en fond de scène pendant toute l'émission « Sacrée Soirée ». En échange, Guazzini se doit de programmer « N'importe quoi » durant une semaine.

Les auditeurs accrochent immédiatement et appellent la station pour connaître le nom de ce nouveau chanteur. NRJ augmente le nombre de passages quotidiens de la chanson, imitée par les autres radios qui ne peuvent que suivre le mouvement de la locomotive. Neuf mois après sa sortie, « N'importe quoi » prend la première place du Top 50 le 7 mai 1988 et la conserve jusqu'au 25 juin. « C'est quand même un truc de malade. Pendant une semaine, la chanson est sur les ondes, le public y accède et c'est ce qui me sauve. C'est le public qui m'a toujours sauvé[6] », confie Florent Pagny qui verra toujours d'un œil critique les programmateurs et les fameux panels des radios, empêchant souvent à tort les jeunes chanteurs d'avoir accès au public, le juge suprême pour Pagny.

---

6. *Toujours libre : la story de Florent Pagny*, C8, 29 avril 2016.

À 26 ans, Florent Pagny est le nouveau chanteur en vogue. En 1988, il fait sa première apparition à la télévision dans l'émission « Panique sur le 16 » présentée par Christophe Dechavanne sur TF1. La machine médiatique s'emballe. Pagny fait trois cent quatre-vingts télévisions au cours de l'année 1988 !

« N'importe quoi » se vend alors à un million d'exemplaires, et, les années passant, ne prend pas une ride. La chanson, qui en 1988 rappelait « Jef » de Brel dans la manière de s'adresser directement à un ami, peut aujourd'hui s'apparenter au slam ou au rap par son style d'écriture usant du langage parlé. « Dis-moi/ Pourquoi tu fais ça/ Pourquoi t'arrêtes pas/ Tu te fous en l'air/ Ça a l'air de t'plaire. »

Indéniablement, Florent Pagny fait une entrée remarquée dans la chanson. Son look, un texte fort et sa voix opératique lui donnent d'emblée cette singularité tant recherchée par les artistes.

« LAISSEZ-NOUS RESPIRER »

LA MÉPRISE ET LE MÉPRIS

Poussé par sa maison de disques à confirmer l'essai à la suite du raz de marée de « N'importe quoi », Florent Pagny doit livrer un nouveau titre pour s'installer durablement dans le cœur du public. À sa sortie, la chanson « Laissez-nous respirer » fait couler beaucoup d'encre. Les moqueries remplacent cette fois les compliments. Florent Pagny apprend le métier.

L'étonnement est aussi grand que la déception. Comment, après un hymne antidrogue aussi puissant que « N'importe quoi », Florent Pagny peut-il revenir avec une bluette aussi insipide que « Laissez-nous respirer » ? La réponse tient en un seul mot : méprise. Florent Pagny n'est pas un auteur-compositeur.

Quand il s'agit de lancer un cri de détresse, comme dans « N'importe quoi », l'émotion pallie la maladresse de l'écrit. Mais lorsque le propos se fait plus réfléchi, qu'il faut travailler un texte, creuser une idée, les failles apparaissent. Florent

Pagny n'a jamais appris à écrire de chansons. Il a quitté l'école très tôt et n'a pas le bagage littéraire nécessaire pour masquer son manque de technique. Il l'avoue sans ambages : « J'écris comme je parle. » Il n'éprouve aucun plaisir à écrire. L'exercice lui est laborieux. Le texte est du niveau école primaire, une défaillance renforcée par le choix du sujet...

Pagny décide de mettre un coup de pied dans la fourmilière et de s'attaquer aux « plus grands », aux « plus forts », aux « plus chiants » sans jamais les nommer. On ne comprend pas qui il attaque ni pourquoi ! Sa révolte de pacotille fait l'effet d'un coup d'épée dans l'eau.

Avec sa voix puissante et la sincérité contenue dans son premier titre, Florent Pagny s'inscrivait dans la filiation de Daniel Balavoine. Mais la comparaison n'a plus lieu d'être. Sensiblement au même âge, Balavoine écrivait « La vie ne m'apprend rien » – « Que reste-t-il des idéaux sous la mitraille/ Quand les prêcheurs sont à l'abri de la bataille ?/ La vie des morts n'est plus sauvée par des médailles » – et apostrophait François Mitterrand, alors candidat à la présidentielle, sur le plateau d'un journal télévisé avec des propos qui résonnent encore aujourd'hui : « Ce que je veux vous dire, c'est que la jeunesse se désespère, elle est profondément désespérée parce qu'elle n'a plus d'appuis. Elle ne croit plus en la politique française, et moi je pense, en règle générale, et en résumant un peu, qu'elle a bien raison. Ce que je peux vous dire, c'est que le désespoir est mobilisateur, et que lorsqu'il devient mobilisateur, il est dangereux. Et que ça entraîne le terrorisme, la bande à Baader et des choses comme ça. Et ça, il faut que les grandes personnes qui dirigent le monde soient prévenues que les jeunes vont finir par virer du mauvais côté, parce qu'ils n'auront plus d'autres solutions.[7] »

7. « Journal de 20 heures », Antenne 2, 19 mars 1980.

On est bien loin de la naïveté du texte de « Laissez-nous respirer » : « Y'a que vous qu'êtes parfaits/ Y'a que vous qui savez/ Alors dites-moi comment on fait/ Pour pas se rencontrer. »

Florent Pagny était déjà dans le collimateur des bien-pensants, d'une presse qui n'aime pas les chanteurs populaires. Il a donné le bâton pour se faire battre et apprend à ses dépens que l'indulgence ne fait pas partie de leur vocabulaire.

Yves Bigot, alors journaliste à *Libération*, en fait la tête de turc de ses chroniques : « Je trouve que c'est vraiment mal écrit, que c'est vraiment vulgaire. Je trouve ça populiste, de mauvais goût, tellement à contre-courant de cette époque, qui est plutôt une époque d'euphorie, une époque progressiste. “Messieurs les plus grands, messieurs les plus chiants”, on se dit qu'on n'avait pas entendu ça depuis les années cinquante.[8] » Il n'en démord pas : « Je percevais une forme de beauferie, y compris dans son image, dans son look. Florent, il se situait clairement du côté de la variété. Ce que je détestais, et ce que nous combattions à *Libération*. Parce qu'on estimait qu'il faisait du mal à la qualité de la chanson française.[9] »

Les Inconnus raillent également Florent Pagny dans une belle parodie, en le rebaptisant Florent Brunel et en réécrivant sa chanson : « C'est pour ça que je vous le dis/ Même si j'y risque ma vie/ Vous, les politiciens/ Vous êtes vraiment très, très méchants. »

Au micro de Nagui dans « Fréquenstar », le chanteur défend sa manière d'écrire : « Écrire, pour moi, c'est un miracle. Je me demande comment je le fais, alors en plus je

8. « Ligne rouge, Florent Pagny confidentiel », BFMTV, 15 décembre 2023.
9. « Florent Pagny : un homme libre », TF1, janvier 2023.

ne vais pas m'empêcher d'écrire avec tout ce que les autres peuvent penser de ce qu'il va se passer. [...] Je chante en yaourt, en faux anglais, et toutes les impulsions, tout le relief que je peux donner là-dedans, c'est ce qui me donne l'idée, ce qui me motive pour le texte. J'essaie d'être plus proche de ce que je pense et de ce que je ressens, d'être le plus sincère possible. À l'arrivée, les gens l'interprètent comme ils veulent. S'ils veulent dire que je suis démago, eh bien, ils disent que je suis démago, mais je les emmerde ».

Florent Pagny n'est pas préparé à être étrillé de la sorte. Ces critiques le ramènent à sa condition sociale. Il n'a pas les codes pour se défendre et, dans un réflexe épidermique, se montre arrogant. Le jeune chanteur semble bien peu épaulé et conseillé par son entourage professionnel. Au cinéma, il était encadré, il avait un texte et le réalisateur lui donnait des ordres. Dans la chanson, c'est un électron libre, ressemblant à un jeune chien dans un jeu de quilles.

« Laissez-nous respirer » reste toutefois classée quatre mois au Top 50, atteignant la huitième place. Peu importe les critiques, le public, lui, est encore là.

« MERCI »

CROIRE EN SON RÊVE

Après « N'importe quoi », « Laissez-nous respirer » et une reprise remarquée de « Comme d'habitude », Florent Pagny publie enfin son premier album, *Merci*, le 26 mars 1990. Il refuse d'y faire figurer ces trois succès qui, selon lui, appartiennent au passé, préférant onze inédits, dont il a écrit tous les textes. La chanson qui ouvre l'opus et lui donne son titre, « Merci », est la déclaration d'amour d'un fils reconnaissant envers ses parents.

« On me traitera de démago certainement/ On se moquera : "Dis merci à papa-maman"/ Mais tout ça on s'en fout/ Ce qui compte après tout/ C'est que je puisse graver dans une chanson/ Ces quelques mots/ "Je vous aime". » Dans la chanson « Merci », sous-titrée « normal », Florent Pagny livre une photographie des premières années de sa vie. Il voit le jour le 6 novembre 1961 à la maternité Boucicaut à Chalon-sur-Saône, en Saône-et-Loire, dans une famille bourguignonne certes modeste mais soudée et aimante. À la maison l'attendent un frère, Frédéric, et une sœur,

Marie-Pierre. La fratrie s'agrandira encore avec l'arrivée de Marie-Pascale quelques années plus tard.

Sa mère, Odile, surnommée « Dilette », et son père, Jean, sont originaires de Montchanin, une petite cité ouvrière proche du Creusot. Une fois mariés, ils choisissent de s'installer dans la plus grande ville du département, Chalon-sur-Saône, à trente kilomètres de là. Elle est secrétaire, lui est ébéniste. « La Bourgogne, c'est là où je suis né, où mes parents et mes grands-parents sont nés. Aussi loin que l'on remonte dans notre arbre généalogique, on trouve des Bourguignons, je suis un vrai Bourguignon, cent pour cent pur bœuf.[10] »

Chez les Pagny, la musique occupe une place prépondérante. Odile aime les chanteurs d'opérette, et plus particulièrement Luis Mariano. « Dans les années soixante, on commençait à dire que l'enfant percevait des sensations dans le ventre de la mère. Il n'attendait pas de voir le jour pour percuter. Je me demande si ma mère n'a pas un peu exagéré avec Luis Mariano et *Rigoletto*, en mettant son gros ventre devant les enceintes. À peine venu au monde, je connaissais déjà le répertoire de Mariano et des airs d'opéra ![11] »

Côté paternel comme côté maternel, la famille a la fibre artistique. Adolescente, Odile, qui a la voix pour, rêve de devenir chanteuse et garde ce regret comme un chagrin. Sa mère Léonide fait partie d'une troupe de théâtre de Montchanin. Elle écrit des saynètes dans lesquelles elle caricature les gens de la ville !

Mort à la guerre, le grand-père paternel de Florent Pagny avait, selon sa grand-mère Aline, une voix très puissante.

10. « Fréquenstar », M6, 20 septembre 1992.

11. *Florent Pagny, l'homme qui marche*, Valérie Alamo et Stéphane Deschamps, Éditions Hors Collection, 2018.

Il accompagnait les chœurs féminins à l'église. Quant au second mari d'Aline, il posait le petit Florent sur la table du café de la ville, où il reprenait « Quand il est mort le poète » de Gilbert Bécaud sous les applaudissements des clients. « À 5 ans, tu me mettais sur une table et je chantais juste et en mesure. À 10 ou 11 ans, je suis passé de chantonner à envoyer.[12] »

À la suite de la mutation professionnelle du père de famille, les Pagny quittent leur Bourgogne natale pour s'installer à Bonneville, en Haute-Savoie. C'est dans cette ville de montagne que Florent découvre à 11 ans le joyau qu'est sa voix. Seul dans l'appartement, il reprend le répertoire de Gérard Lenorman et de Michel Sardou. Il ignore alors que sa mère, rentrée plus tôt pour prendre de ses nouvelles car il est souffrant, l'observe. Elle est bouleversée par ce qu'elle entend. Elle a tant rêvé que l'un de ses quatre enfants vive le rêve auquel elle n'a pas eu droit. Son cœur de maman comprend immédiatement que Florent est l'élu. « Elle rentre dans ma chambre, elle me regarde. Je la vois avec tellement de choses dans les yeux. Je me rends compte que je viens de faire un truc qui va changer le cours de ma vie.[13] »

Odile Pagny veut donner à son fils toutes les chances de réussir. Elle souhaite qu'il possède un bagage musical et suive des cours d'harmonie et de chant. Ce qui n'est pas chose aisée, l'élève étant réfractaire à toute forme d'apprentissage et, par ricochet, d'autorité. L'artiste avoue aujourd'hui ne garder aucun souvenir de ses années de solfège.

Le professeur s'appelle Marcel Dronne. Il est l'un des premiers à mettre le pied à l'étrier au jeune Florent.

---

12. *Toujours libre : la story de Florent Pagny*, C8, 29 avril 2016.
13. Nostalgie Belgique, 3 novembre 2017.

Ce musicien possède *Le Luth*, un cabaret sur les hauteurs de la ville dans lequel il accueille tous les apprentis chanteurs désirant fouler les planches. Florent Pagny y fait ses gammes en reprenant – étonnant pour son âge – les chansons de Luis Mariano. Très vite, le bouche à oreille se met en marche et toute la région ne tarde pas à venir applaudir le phénomène. « C'est vrai que j'ai découvert mon point fort dans cet endroit, au *Luth*. C'était une des premières fois où je me suis retrouvé sur une petite scène devant un public. Les gens mangeaient, parlaient, et dès que je commençais à chanter, les conversations s'arrêtaient. Ils posaient leurs couverts, ils relevaient la tête, ils m'écoutaient et m'applaudissaient. À ton arrivée, personne ne te regarde. Mais lorsque tu repars, tout le monde te regarde, et là tu te dis : "Oh, je tiens un truc. Je ne sais pas où cela va m'emmener, mais je tiens un truc."[14] »

En 1990, Gérard Louvin fait une émouvante surprise à Florent Pagny, qui est l'un des invités d'honneur de « Sacrée Soirée ». Au piano, Marcel Dronne accompagne Odile Pagny, qui reprend l'un de ses airs d'opéra préférés, très vite rejointe sur scène par Florent. La complicité entre la mère et le fils illumine la lucarne. « Je suis très heureux parce qu'elle a 50 balais et elle réalise aussi son rêve », confie alors, très ému, Florent Pagny.

Odile est également l'une des pièces maîtresses de la réussite de son fils. Florent Pagny adopte immédiatement le style musical de sa mère. C'est elle qui lui donne le goût de l'opéra et de l'opérette. « J'écoutais ce qu'écoutait ma mère. Je n'étais pas très obsédé par le fait d'écouter de la musique qui se diffusait sur les radios, j'étais plus attiré par

---

14. Discours de Florent Pagny à la Mairie de Bonneville, où il revient le 26 octobre 2017 pour recevoir le diplôme et la médaille de citoyen d'honneur.

les opéras, par Mariano… En fait, je prenais ce qu'il y avait devant moi.[15] »

Le Basque Luis Mariano devient le talisman de Florent Pagny. « Mon premier gros carton, c'était à Annecy, pour le départ du Critérium du *Dauphiné libéré*. Ils avaient prévu de faire un concours de chant à chaque étape de la course cycliste. Celui qui gagnait remettait son titre en jeu pour l'étape suivante. J'ai gagné tout le Tour. J'avais des articles chaque jour dans le journal, tout Bonneville allait acheter *Le Dauphiné*. J'avais 14 ans, et cela a été déterminant pour mon avenir.[16] » Le concours est mené par Zappy Max, alors l'animateur phare du « Quitte ou double » sur Radio Monte-Carlo. Pourtant, lorsqu'il se présente au concours, à Annecy, Florent est dépité. Il est trop jeune. La loi interdit à toute personne de moins de 16 ans de se produire sur un podium en plein air ! Le jeune chanteur insiste. Sa détermination trouble l'animateur qui lui propose un marché : « Quand je te demanderai ton âge au micro, tu diras que tu as 16 ans. »

À l'annonce du choix de la chanson, « La Fiesta bohémienne » de Luis Mariano, Zappy Max ne peut s'empêcher de penser que le gosse court à la catastrophe. « Je m'attendais à un truc un peu gnian-gnian. Puis il a entonné sa chanson comme un pro avec les notes portées dans les aigus, il a fait un triomphe.[17] » Florent Pagny mise sur cette chanson en connaissance de cause : il sait que le décalage entre son physique et son répertoire aura plus d'impact que s'il chante des chansons de sa génération, comme du Lenorman ou du Sardou.

---

15. « Fréquenstar », M6, 20 septembre 1992.
16. *Florent Pagny, l'homme qui marche*, Valérie Alamo et Stéphane Deschamps, Éditions Hors Collection, 2018.
17. *Toujours libre : la story de Florent Pagny*, C8, 29 avril 2016.

Au cours de ces quelques jours, Florent est emballé par cette vie de saltimbanque. « Partir dans la caravane du Tour, de ville en ville, pour remettre mon titre en jeu m'a énormément plu. C'était ma première tournée en public, pour ainsi dire, il y avait quelque chose de différent de l'école, du quotidien, de la vie, qui faisait que je sentais que j'avais peut-être une carte à jouer.[18] »

Pagny remporte « son » Critérium du *Dauphiné libéré* au Pontet, à côté d'Avignon. Une victoire qui le conforte dans ses convictions. Sa vie, c'est chanter, être sur scène. Lui, le petit gabarit que personne ne remarque, a trouvé la formule magique pour attirer la lumière… À 15 ans et demi, il sait que son avenir est loin des cimes enneigées de Bonneville. D'autant que l'école n'est pas sa tasse de thé : il vient de rater son BEPC et l'Éducation nationale n'envisage pour lui qu'une formation de sténodactylo !

Sa décision est prise, il demande à ses parents de le laisser partir à Paris. « Je leur explique. Je les convaincs. Mes parents ne me laissent pas partir au hasard bêtement parce que d'un seul coup j'ai une pulsion. Non, non. J'explique bien que j'ai un don, que j'ai déjà pu voir que je provoquais des choses en chantant et qu'il me faut partir pour l'exploiter au mieux. Je pense que mes parents ont toujours eu, sans trop se poser de questions, naturellement la bonne attitude. Mes parents n'ont jamais été des gens qui nous ont dit : "Vous devriez faire ci, vous devriez faire ça." Ils n'ont jamais imposé quoi que ce soit. Jamais. Donc, naturellement, nous, les mômes – mon frère, mes sœurs et moi –, avons fait notre chemin et ce que nous voulions comme nous le voulions.[19] »

---

18. *Florent Pagny, l'homme qui marche*, Valérie Alamo et Stéphane Deschamps, Éditions Hors Collection, 2018.

19. Entretien de l'auteur avec Florent Pagny pour « Ma liberté de chanter », diffusé sur France Bleu en novembre 2017.

« Quinze ans et demi, tu débarques tout seul à Paris/ Et ils t'ont laissé faire malgré c'qu'on leur a dit/ C'était là ta seule chance/ Et ils t'ont fait confiance/ Tu n'les as pas trahis, et aujourd'hui/ Mille fois merci. »

Pour préserver ses parents, Florent Pagny demande à être émancipé pour que, le cas échéant, ces derniers ne soient pas tenus responsables de ses dérives parisiennes. Il n'y en aura pas… jusqu'à sa majorité. Il lui était inconcevable de trahir leur confiance. Il sait combien cette décision leur a été difficile à prendre. Il sait à quel point sa mère a été déchirée entre le fait de voir son plus jeune fils quitter le nid pour une ville inconnue et gigantesque et celui de lui laisser la chance d'aller au bout de son rêve.

À l'automne 1977, Florent Pagny, accompagné par ses parents, frappe à la porte de l'Armée du Salut de Ménilmontant, dans le 20e arrondissement. « On est arrivés à Paris tous ensemble. On a vu la piaule ensemble. C'était un endroit où je pouvais être à l'abri, boire, bouffer et être un peu encadré sans l'être vraiment. C'était un point de chute. On n'avait pas une tune, alors il n'était pas question pour moi de louer une chambre. On savait qu'il fallait que je tienne, que je reste là un moment pour changer mon destin, même si, au début, cela n'a pas été facile.[20] »

20. *Ibid.*

« ÇA FAIT DES NUITS »

LA BELLE ET LE RINGARD

En 1989, Florent Pagny tombe amoureux. La belle est loin d'être une inconnue. Elle vient comme lui de connaître la gloire en un seul titre. Son nom : Vanessa Paradis. Elle inspire à Florent l'une de ses premières chansons d'amour, « Ça fait des nuits ».

« C'est parti pour un tour de manège/ C'est parti pour un morceau de vie/ Souviens-toi de la neige/ La première fois qu'on s'est compris. » Le premier baiser entre Florent et Vanessa semble tout droit sorti d'une comédie romantique à succès. En janvier 1989, tous deux sont invités au Festival international du film fantastique d'Avoriaz. Les personnalités sont conviées à dîner après les projections. À la fin du repas, Florent Pagny décide d'aller se coucher et regagne sa chambre d'hôtel. À peine a-t-il fait quelques pas dans la neige qu'il entend son prénom. Il se retourne, c'est Vanessa, toute tremblante dans la nuit glaciale car, dans la précipitation, elle a oublié son manteau. Sans prononcer un mot, la jeune chanteuse se pend à son cou et l'embrasse.

S'il avait déjà croisé Vanessa Paradis sur différents plateaux de télévision, Florent Pagny n'a vraiment fait sa connaissance qu'en décembre 1988, à Orlando, en Floride, où Gérard Louvin décide d'enregistrer *Voyage magique à Disney World*, un numéro spécial de « Sacrée Soirée » proposé pour les fêtes de Noël.

Florent a alors 27 ans et vient de recevoir la Victoire de la révélation masculine de l'année. Vanessa va fêter ses 16 ans dans quelques jours mais vit une période compliquée. Elle fait l'objet de railleries récurrentes de la part du public et des médias. Le summum est atteint lors du dernier Midem à Cannes. Elle interprète sur scène « Joe le taxi », son tube vendu à plus de trois millions d'exemplaires, dont plus de six cent mille à l'étranger. Une bronca résonne dans la salle remplie en majorité de professionnels du disque et de journalistes. Les sifflements et les huées recouvrent la musique. Présentée par Michel Denisot et Patti Layne, l'émission est retransmise en prime time à la télévision. L'humiliation est diffusée en direct ! Battant du pied pour suivre la musique et continuer à chanter en mesure, Vanessa Paradis, des sanglots dans la voix, va jusqu'au bout de sa chanson avant de s'effondrer dans les coulisses, abasourdie par tant de haine. « Horrible. J'étais en direct, j'essayais de chanter sous les huées, les gens me jetaient des bouchons de bouteille, des trucs qui faisaient mal. Je n'entendais pas la musique. Mais j'entendais les insultes. Ensuite, j'étais censée revenir pour une deuxième chanson [...]. Dans ma loge, où j'étais en larmes, ma mère m'a cajolée, et Guesch Patti, qui était aussi en tête des ventes avec "Étienne", a été merveilleuse. Elle m'a consolée : "Tu vas y aller pour leur montrer que tu n'en as rien à faire, tu ne vas pas leur faire ce plaisir !" Alors j'y suis retournée. Ça forge le caractère »[21] .

---

21. *Le Monde*, 12 mai 2019.

La jeune artiste sait ce qu'elle veut. À Orlando, elle demande une chambre à côté de celle de Florent Pagny, il l'apprendra plus tard. En larmes sur le balcon, elle espère qu'il viendra la consoler.

Le chanteur garde encore en lui les séquelles de sa relation tumultueuse avec l'actrice Patricia Millardet, de quatre ans son aînée, et n'imagine pas une seconde tomber amoureux d'une adolescente, même si Vanessa Paradis vit dans un monde d'adultes et semble plus mature que les filles de son âge.

Il joue au préalable le rôle du grand frère protecteur. Il ne comprend pas les quolibets dont elle fait l'objet. Pour lui, c'est une évidence : Vanessa Paradis a l'aura d'une Brigitte Bardot. Il comprend rapidement que la chanteuse marche sur des sables mouvants et que personne dans son entourage ne s'en aperçoit. Ses parents sont perdus face à cette gloire soudaine. Il leur explique dans un premier temps que Vanessa ne peut plus aller au lycée en RER car elle se fait agresser en permanence, puis qu'elle ne peut plus y aller du tout : il existe une telle dichotomie entre sa vie scolaire et le show-business qu'elle ne peut plus gérer la situation. Il rabiboche tout le monde au passage. Didier Pain, manager de Vanessa, est aussi son oncle, le frère de la mère de la chanteuse. Tous deux sont brouillés pour des questions d'argent et de gestion de la carrière de la graine de star.

Florent Pagny prend Vanessa Paradis sous son aile et lui présente son clan, qui devient le refuge qu'il manquait à l'adolescente. Pour ses 16 ans, il organise une grande fête aux Bains Douches. Pagny lui explique aussi que sa moue permanente et l'absence de sourire sont mal interprétées par le public, qui ne perçoit pas sa timidité mais – au contraire – ressent une espèce d'arrogance et de prétention.

Après leur premier baiser dans la poudreuse en janvier 1989, Florent Pagny et Vanessa Paradis s'installent ensemble et deviennent adeptes du proverbe « Pour vivre heureux, vivons cachés », même si leur relation se révèle être un secret de polichinelle. Le métier et les journalistes sont au courant, mais la minorité de Vanessa les protège de toute publication de photos. Ils passent ainsi des vacances à Saint-Tropez, rejouant Alain Delon et Romy Schneider dans *La Piscine* sans être inquiétés ou presque, la presse quotidienne régionale relatant simplement leur escapade amoureuse.

Il reste toutefois difficile aux tourtereaux de ne pouvoir crier leur amour au monde entier. En février 1990, Vanessa Paradis est couronnée artiste interprète féminine de l'année aux Victoires de la musique. Florent Pagny n'apparaît pas sur les images retransmises à la télévision mais l'accompagne. Lors du dîner qui suit la cérémonie, impossible pour les journalistes présents de ne pas remarquer les sentiments qui les lient.

Florent n'apparaît pas non plus lors de la retransmission de la cérémonie des Césars, lors de laquelle Vanessa remporte le César du meilleur espoir féminin pour son rôle de Mathilde Tessier dans *Noce blanche* de Jean-Claude Brisseau. Pourtant, c'est grâce au chanteur que le long métrage est allé jusqu'au bout. Bien avant la présence obligatoire d'un « responsable enfants » protégeant les acteurs mineurs, il fait en sorte qu'un garde du corps et la mère de l'actrice accompagnent Vanessa sur le tournage pour la protéger du comportement plus que douteux du réalisateur…

Après deux ans de secret, en 1990, l'histoire d'amour entre Florent et Vanessa est exposée à la lumière, laissant le public quelque peu décontenancé par cette histoire au goût de soufre, l'amoureuse n'étant pas majeure. Le couple joue quelquefois le jeu des médias et pose ensemble pour des photos, comme lors de cette séance de clichés glamours en noir et blanc signés Pierre Terrasson, le photographe exclusif de Vanessa Paradis dans les premières années de sa carrière.

Jamais, toutefois, ils n'acceptent d'être traqués par des paparazzis. « Vanessa, je ne veux pas vous en parler, mais à un moment donné, tu ne peux pas détourner la conversation. En effet, moi, je l'aime, elle m'aime, on s'aime, on ne va pas nier cet amour ou le dégrader sous prétexte qu'il ne faut pas le dire à la presse. Au bout d'un moment, tu finis par dire "Oui, c'est vrai, on s'aime", et après ce n'est plus que ça. J'ai fait un nouvel album, de nouvelles chansons, mais on ne parle que de mon histoire. On ne peut pas renier notre histoire, ce n'est pas une histoire de cul, mais on n'a pas envie de communiquer autour de ça, ça bouffe la vie, ça enlève notre liberté. Il y a suffisamment d'artistes qui apprécient de développer sur leur vie privée pour foutre la paix à ceux qui n'en ont pas envie.[22] »

Des années plus tard, dans l'émission « Ce soir (ou jamais !) » diffusée sur France 2, Florent Pagny se souvient encore de cette période-là : « Combien de fois je suis allé voir des rédacteurs en chef pour leur demander de ne pas publier certaines unes avec des photos volées de notre couple ? Je les ai convaincus en faisant vibrer leur corde sensible, en leur disant qu'on était vraiment amoureux, qu'on le vivait sainement. Et que l'on n'avait pas envie de se servir de cet amour pour faire notre promo. Au nom de cet amour, je leur ai demandé de nous laisser tranquilles, et quelques fois ça marchait. »

« Ça fait des nuits que j't'aime d'amour/ Ça fait du temps qu'on s'dit bonjour », chante Florent Pagny dans cette chanson arrangée par Jean-Yves D'Angelo et Kamil Rustam. Dans le clip à l'esthétisme léché, tourné chez son ami Philippe Starck à Montfort-l'Amaury, Florent Pagny joue avec une jeune femme blonde que l'on voit toujours de dos et qui pourrait être Vanessa Paradis… mais qui ne l'est pas. « Ce n'est pas Vanessa, mais cette chanson s'adresse vraiment à Vanessa, et je

22. France Inter, 21 décembre 1990.

n'allais pas mettre une grande brune d'un mètre quatre-vingts dans ce clip. J'avais besoin de retrouver quelqu'un qui lui ressemble. Cette chanson est dédiée à la personne avec laquelle je vis, elle n'a peut-être pas envie d'avoir une autre tronche qui corresponde à la chanson, donc j'ai besoin de quelqu'un qui lui ressemble, mais je ne mets pas la tête. La fille, on ne la voit pas. C'est subjectif. Ce que je dirais, c'est que c'est moi qui l'ai décidé, ça. Les papiers dans la presse sur ma vie privée, je ne les ai jamais décidés, tandis que ça, c'est moi qui le fais, ça me regarde. Si un jour nous avons envie de faire la couverture de *Paris Match*, c'est nous qui le déciderons.[23] »

En plus de sa beauté, Florent Pagny est fasciné par le charisme de Vanessa. « Un truc de fou ! Quand on arrivait quelque part, elle happait tout le monde. J'étais porte-valise, même pas son mec. C'est juste elle qui rayonnait. Tu peux être une vedette, mais selon la personne avec qui tu es, tu peux disparaître ![24] »

Ce n'est pas d'être dans l'ombre de Vanessa Paradis qui va faire disparaître Florent Pagny, mais une chanson – « Presse qui roule » – qu'il écrit pour laver l'honneur de sa belle lorsque le magazine *Rolling Stone* publie deux phrases assassines sur leur couple, révélant leur amour au grand jour.

La presse le boycotte et il ne réitère pas le succès de « N'importe quoi ». Pagny se rend compte qu'il n'est qu'un colosse aux pieds d'argile. Dans son for intérieur, il sent aussi qu'il va perdre Vanessa, à qui tout réussit. Gainsbourg lui a écrit un album – *Variations sur le même t'aime* –, elle est éblouissante dans *Noce blanche* et Lenny Kravitz l'invite aux États-Unis pour travailler avec elle.

« Et je t'aime d'amour/ Mon amour/ Je te vois toujours jolie/ Et je crève du jour où l'amour/ S'en ira sans dire merci. »

23. *Ibid.*
24. *Florent Pagny, la voix nue*, France 3, 27 avril 2018.

Son intuition ne le trompe pas. « Elle est en train de casser la baraque quand on se sépare. Elle tutoie le firmament. Alors que, lorsque je la rencontre trois ans plus tôt, c'est la personne la plus détestée du pays. Quand elle est partie, à 19 ans, je lui avais réappris à sourire. Elle m'a montré ce que c'est que d'avoir du charisme, c'est une fille exceptionnelle.[25] »

En proie au chagrin, Florent a pourtant conscience que la rupture est inéluctable et il ne fait rien pour retenir sa belle. Au contraire, il l'encourage à voler de ses propres ailes. Il sait qu'elle ne doit pas refuser les opportunités qui s'offrent à elle, et tant pis si leur amour en paye le prix fort. « Il faut qu'elle s'envole sans moi. C'est moi qui comprends et qui lui explique », confie-t-il dans « Le temps d'une chanson » sur France Inter, le 20 décembre 2015.

Mais plus encore que de la séparation, Florent Pagny souffre de l'ingratitude de Vanessa Paradis. Jamais plus elle ne donnera de ses nouvelles ni ne prendra des siennes. Dans l'album *Réaliste* qui suit *Merci*, il lui envoie un message tendre dans la dernière chanson, « Bien sûr qu'il n'y a rien à dire », qu'il lui dédie : « Je s'rai toujours là/ Si t'as besoin de quelqu'un qui te connaît bien/ Mais tout va bien s'passer/ Fais attention à toi/ Et à bientôt, mon p'tit bout. »

L'entourage de Vanessa Paradis lui conseille de ne plus associer son image à celle d'un chanteur jugé ringard. Elle chante du Gainsbourg, lui du Claude François. « J'aurais bien aimé être un peu plus rock. Mais j'ai glissé dans le pop rock un peu plus variétés, en reprenant “Comme d'habitude”, à la demande de Louvin. On m'a collé l'étiquette de chanteur populaire ringard.[26] »

---

25. *Ibid.*
26. *Ibid.*

Du rock, il en fait dans le premier single de l'album *Merci,* intitulé « J'te jure ». Un titre qui ne séduit pas le public mais dont les paroles semblent prémonitoires concernant sa relation avec Vanessa Paradis : « On me dit qu'tu vas mieux/ Depuis qu'on n'est plus deux/ Que t'es r'dev'nue normale/ Que sans moi c'est moins mal/ Qu'on n'me reproche rien/ Mais c'est mieux si je suis loin. »

Florent Pagny est devenu un homme infréquentable pour Vanessa Paradis. Artistiquement, ils ont évolué différemment. Elle se range désormais du côté des artistes branchés, lui appartient à l'univers de la variété, symbole pour ceux qu'elle côtoie d'une certaine « beaufitude ».

En 2013, le photographe Pierre Terrasson publie aux Éditions Premium *Vanessa Paradis, les années Lolita* couplé à une exposition à la Galerie Sparts, à Paris, avec une seule exigence de l'entourage de Vanessa Paradis : l'interdiction de publier des photos avec Florent Pagny ! « Cela fait dix-sept ans que nous ne nous sommes pas croisés. Un jour, je l'ai appelée pour lui proposer que nous fassions un duo sur mon album *2*. Elle m'a répondu : "Écoute, cela fait un peu 'Johnny et Sylvie'." C'est sa manière de me dire non », explique Florent Pagny dans « Le Divan », sur France 3, le 10 mai 2016.

Mais l'annonce du cancer du poumon du chanteur, en janvier 2022, change la donne. Florent Pagny reçoit un appel de Vanessa Paradis. « Ça m'a fait plaisir. C'est normal que tu t'inquiètes de ce qui arrive à quelqu'un avec qui tu as passé trois ans de ta vie. Depuis, chacun vivait son bonheur. Elle avait bien vu que j'avais trouvé ma moitié, que j'avais fondé ma famille. La maladie a fait qu'à un moment elle s'est fait du souci pour moi. Mais nous n'allions pas d'un seul coup revenir en arrière.[27] »

27. *Paris Match*, décembre 2023.

« PRESSE QUI ROULE »

DROIT DANS LE MUR !

S'il apprécie le trait d'humour quand le Tout-Paris le surnomme « Lech Vanessa », Florent Pagny voit rouge en tombant sur deux phrases qu'il juge déplacées sur leur couple dans le magazine *Rolling Stone*. « Presse qui roule », la réplique qui se veut cinglante, met un coup d'arrêt à sa carrière.

« Il y a eu une phrase dans *Rolling Stone*, c'était dans les potins, ce n'était pas signé et c'était la première fois dans la presse qu'on annonçait que j'étais avec Vanessa [...]. Le truc s'est enclenché, tout le monde m'en a parlé, et c'est malsain. Cela ne nous fait pas plaisir quand on lit ça, ça nous mine la vie »[28] . « Presse qui roule pas vraiment cool/ Presse qui coule me casse les couilles/ Je vous fais la confesse, je n'vais pas vous rater/ Vous écrivez sans cesse sur notre vie privée/ Occupez-vous de vos fesses et laissez-nous chanter. »

28. France Inter, 21 décembre 1990.

Florent Pagny puise son inspiration au fond de ses tripes. Il écrit ce qu'il ressent sans se départir du premier degré. Quand il s'agit de sentiments comme dans « Merci » ou « Ça fait des nuits », il touche directement le cœur. En revanche, quand il s'agit de viser l'esprit, comme dans « Laissez-nous respirer » ou « Presse qui roule », l'exercice se montre plus périlleux. « Je vis depuis deux ans avec Vanessa, qui est beaucoup plus médiatique et qui en prend dans tous les sens. Quand je les vois faire et balancer comme ils balancent, à un moment, je fatigue. Donc, j'ai envie d'utiliser le même procédé. Ça m'a tellement énervé que j'ai mis cinq minutes à écrire "Presse qui roule", ça n'a pas été dur pour moi.[29] »

Cinq minutes pour les paroles et deux accords pour la musique ! « La musique, c'est la recherche d'une mélodie sur deux accords. Il y a quand même un moyen, comme je suis limité musicalement, de faire une mélodie qui se tienne sur deux accords.[30] »

Lors de la conception de son premier album, *Merci*, à Guadamello, en Italie, Florent est entouré de sa famille, de ses musiciens, de ses amis et de son amoureuse. Dix-sept chansons voient le jour. Il en garde onze lors de l'enregistrement en studio. « Presse qui roule » fait partie du lot. Gérard Louvin – son producteur – et Carmen Bouchet – sa manager – sont farouchement opposés à cette idée qu'ils trouvent suicidaire, mais l'artiste n'en démord pas.

La machine à broyer les destins se met en marche. Les deux premiers extraits – « J'te jure » et « Ça fait des nuits » – n'ont pas le succès escompté. Se pose alors la question du choix du troisième single pour passer en radio. Louvin demande son avis à Max Guazzini, qui répond sans hésiter : « Si vous sortez

29. *Florent raconte Pagny*, France 3, 15 mars 2024.
30. France Inter, 21 décembre 1990.

“Presse qui roule”, je diffuse le titre sur NRJ. » Soutenu par le patron de la radio la plus puissante du moment, Louvin se laisse convaincre. Mais NRJ, pour une raison inconnue, ne diffusera jamais la chanson !

Tous les médias lui emboîtent le pas et font la fine bouche. « J'ai fait deux télés seulement, il n'y a que Sabatier qui a eu les couilles de me faire chanter cette chanson en prime.[31] »

Ne prenant pas tout de suite conscience de l'ampleur du boycott dont il est la cible, le chanteur continue de défendre sa chanson et ses idées dans les quelques médias qui l'invitent, surtout pour le mettre à l'amende. « Ah, je suis toujours content de cette chanson... Ma mère voulait plutôt que je dise “me casse les coudes”, mais “me casse les couilles”, cela correspond plus à ma façon de parler, à ma façon de penser. Quand quelque chose m'emmerde, je dis “Ça me gonfle, ça me casse les couilles”, je ne dis pas “Oh, ça m'embête” ![32] »

Florent Pagny ne regrette pas d'avoir provoqué la presse en duel, dans un acte chevaleresque. « Je ne suis ni un garçon sauvage ni un garçon rebelle. J'ose dire ce que je pense, mais je le dis avec mes mots. Si j'avais fait des tonnes d'études, on dirait de moi que j'impose mes idées. Très peu de gens ont les couilles de montrer ce qu'ils sont. La presse m'a trahi. J'ai mis ma rancœur dans une chanson, mais ce n'est pas pour autant que je suis une petite frappe, même si je suis un peu frimeur, et j'assume tout, même mes conneries.[33] »

Pagny met sa sincérité en exergue. Si tout est vrai, tout peut s'écrire : « Je ne dis pas de conneries. Tout ce qui est

---

31. *Florent Pagny, l'homme qui marche*, Valérie Alamo et Stéphane Deschamps, Éditions Hors Collection, 2018.

32. France Inter, 21 décembre 1990.

33. *Florent Pagny, l'homme qui marche*, Valérie Alamo et Stéphane Deschamps, Éditions Hors Collection, 2018.

écrit dans la chanson existe. Je décris la vérité. Cela ne se dit peut-être pas, mais j'ai envie de dire à une certaine presse que je n'aime pas sa façon de fonctionner. Je n'aime pas que certains journalistes se servent d'articles pour raconter ce qu'ils veulent et comme ils veulent. Moi, j'utilise une chanson pour dire ce que j'en pense.[34] »

Pourtant, l'emballement médiatique vient d'une méprise. Le titre « Presse qui roule » repose sur un jeu de mots évoquant le proverbe « Pierre qui roule... », traduisible par *Rolling Stone*... Pour Florent Pagny, seuls cinq « échotiers », comme il les appelle, sont visés, mais c'est toute la presse qui se sent insultée. L'artiste explique ce quiproquo dans son autobiographie : « Je reconnais que, de mon côté, je n'ai pas communiqué de façon claire sur le rôle qu'avait joué le magazine. Je n'avais aucune envie d'attirer l'attention sur ces lignes misérables. J'aurais peut-être dû m'expliquer un peu plus. »

Mais, dans le feu de l'action, Pagny se prend à son propre jeu et dézingue à tout va, sans faire vraiment de distinguo entre les « bons » et les « méchants ». « C'est une vraie charge contre quelques-uns qui profitent de faire partie d'une famille respectable pour tirer à boulets rouges sur pas mal d'artistes. Et je me suis rendu compte en trois, quatre ans que, dès que l'on est un petit peu public, on a tous le même problème à un moment donné : on se fait attaquer un peu injustement, et les seules réponses que l'on peut avoir, c'est par les tribunaux, ou directement aller voir la personne et lui exploser la tête, ce que je ne trouve pas plus intelligent. Ce n'est pas parce que le public aime bien les cancans, savoir qui couche avec qui, qu'il faut lui en donner car c'est malsain.[35] »

34. *Ibid.*
35. « Une fois par jour », Antenne 2, décembre 1990.

Faute d'explications claires, les derniers vers de la chanson passent à la trappe. La presse ne les entend pas, ou ne veut pas les entendre. « À vous, Madame la presse, ne vous méprenez pas/ Cette chanson s'adresse à la famille des rats/ Excusez ma maladresse, mais je leur dois bien ça. »

En août 2007, le chanteur revient sur cette période dans l'émission « Le meilleur de Florent Pagny » diffusée sur M6. « C'est un galon de plus, on m'a boycotté pendant quelques années, mais en même temps, ça m'a donné, dans le regard du public, dans l'écoute du public, une image d'un mec qui était un peu tapé d'aller se frotter aux médias comme ça, alors que je n'étais qu'un petit chanteur. On me disait : "C'est bien, tu leur as dit ce que tu en pensais. Au moins, ça a le mérite d'être clair et d'être franc." [...] C'était plus Vanessa qu'on emmerdait que moi, mais c'était quand même très mesquin et très dégueulasse, donc ça m'énervait un peu. J'ai fait un peu le Zorro dans ce truc-là. C'est juste qu'à un moment je n'aime pas me faire brancher, et quand je trouve quelque chose d'injuste, je réagis ».

Sa manière épidermique de concevoir la vie entraîne Florent Pagny dans une spirale infernale. Boudé par les médias, il vend beaucoup moins de disques. Ses revenus s'effondrent, et il fait l'objet d'un redressement fiscal, justifié selon l'intéressé. Non seulement il n'a plus d'argent, mais il a désormais des dettes considérables. « Je me fais saisir. J'avais tout acheté à crédit : bagnole, moto... Le fisc m'a tout pris, je n'avais plus rien, et en plus, il fallait que je continue à payer ce que je n'avais plus. J'étais rétamé.[36] »

Mais le plus douloureux est de voir partir Vanessa Paradis, même s'il s'y attendait, et surtout ceux qu'il croyait ses amis.

---

36. *Florent Pagny, l'homme qui marche*, Valérie Alamo et Stéphane Deschamps, Éditions Hors Collection, 2018.

« D'un seul coup, ce qui était plus troublant, c'était de voir que mes copains avaient plutôt choisi de la suivre que de rester avec moi, donc c'était plus ça qui me dérangeait.[37] »

Vanessa est restée le temps du meilleur, s'épargnant le pire. « Mieux » encore : elle fait en sorte de ne jamais recroiser celui qu'elle a aimé durant trois ans. « Je l'ai aimée comme elle m'a aimé. On a passé trois ans ensemble, et quand il y a de l'amour, de toute façon, c'est important. J'ai toujours eu cette nature à aimer l'amour. Petite, moyenne ou grande histoire, il y a toujours eu de l'amour. Et là, il y a eu de l'amour qui a duré pendant trois ans.[38] »

En voulant laver l'honneur de sa fiancée, Florent Pagny perd tout ce qu'il a construit, tout ce pour quoi il a quitté sa province à l'âge de 15 ans. Il est anéanti. Alors qu'il est au bord du gouffre et qu'elle le sait, Vanessa Paradis, à qui tout sourit, ne fera aucun geste pour lui venir en aide.

Une nuit, lui qui ne boit presque jamais s'enivre au-delà du raisonnable dans une soirée parisienne et finit à l'hôpital. Il dresse le bilan de sa vie. « Tu as pris de la tune, tu as rigolé pendant quelques années, mais tu y retournes seul à une vitesse grand V. C'est mieux que d'entraîner les autres dans ta chute. Tu te dis que tu vas peut-être changer de vie, tu gardes une bagnole, ton chien, tu plantes tout et tu vas vivre autrement.[39] »

Contraint de dormir plusieurs nuits dans sa voiture avec son chien car il a quitté la maison de Sèvres où il vivait avec Vanessa, ne pouvant plus payer le loyer à son propriétaire Gérard Louvin, il songe un instant à rentrer

37. « Le Divan », France 3, 10 mai 2016.

38. *Florent raconte Pagny*, France 3, 15 mars 2024.

39. *Florent Pagny, l'homme qui marche*, Valérie Alamo et Stéphane Deschamps, Éditions Hors Collection, 2018.

dans ses terres bourguignonnes pour exercer le métier qu'il a appris : menuisier.

Les pensées se bousculent dans sa tête. Florent Pagny croit à l'astrologie et à la signification des signes. En tant que Scorpion, il sait qu'il a une fâcheuse tendance à l'autodestruction. Alors, même si la période est difficile à vivre, il garde en lui cette force inébranlable de penser au « pourquoi des choses » et de transformer le négatif en positif.

Après tout, il ne pouvait pas toute sa vie vivre en bande et régaler tout le monde sous prétexte qu'il est le seul à gagner de l'argent. Offrir des cadeaux, inviter de temps en temps les uns et les autres, certes, mais payer des motos à tous ses potes pour faire des balades ou louer une maison de dix-sept chambres pour tous les accueillir en vacances, cela finit par fausser les rapports humains. Fasciné, il a vu son ami Coluche vivre ainsi. Mais il n'est pas Coluche…

Cette chute est salvatrice. Elle lui permet également de mettre en place sa fameuse théorie des points forts. Son point fort, c'est sa voix, il lui faut désormais s'entourer des meilleurs auteurs-compositeurs s'il envisage de poursuivre sa carrière. « Je n'ai pas mis longtemps à écrire "Presse qui roule". Beaucoup disent "Ça s'entend", mais cette chanson m'a permis aussi de connaître mes limites en écriture, ce qui fait qu'après, quand on me dit "Tu ne fais plus tes chansons ?", je réponds : "Bah non, c'est bon, je suis allé au bout, moi."[40] »

En mai 2016, allongé sur « Le Divan » de Marc-Olivier Fogiel, Florent Pagny évoque les années noires qu'il a traversées : « Le mécanisme s'est grippé. Je ne peux même plus

40. « Clique », Canal +, 6 mars 2020.

payer un loyer. Ma situation financière envers les impôts mettra deux ans à s'assainir. Je suis dans une période très compliquée, dont, en général, dans 98 % des cas, tu ne te relèves pas. »

« TUE-MOI »

DANS L'IMPASSE

Afin de faire oublier le désastre de « Presse qui roule », Florent Pagny cherche des auteurs et des compositeurs pour l'élaboration de *Réaliste*, son prochain album. Il croit avoir trouvé la perle rare en la personne de Franck Langolff, dont il reprend la chanson « Tue-moi », mais celui-ci décline l'invitation.

Florent Pagny rencontre Franck Langolff par l'entremise de Vanessa Paradis. Langolff a le vent en poupe. Il vient de composer les deux premiers albums – *M&J* et *Variations sur le même t'aime* – de la jeune chanteuse et compte à son tableau de chasse Alain Souchon (« Normandie Lusitania ») ou Renaud (« Morgane de toi », « Près des autos tamponneuses », « Fatigué », « Morts les enfants » et la chanson caritative « Éthiopie »). Pagny et Langolff ont déjà mêlé leurs talents dans « Prends ton temps », une chanson qui figure sur *Merci*, le premier opus de Florent. Un morceau dans lequel le chanteur joue au crooner.

Dans *Réaliste*, Florent Pagny a en tête de reprendre « Tue-moi », qui figure sur l'album *Normal* que Franck

Langolff a enregistré en 1986 en tant que chanteur. Ce dernier se rend dans la maison de Sèvres où Pagny a fait installer un home studio. Il lui fait écouter la musique de « Et qui sait », que le chanteur prend immédiatement, puis d'autres morceaux. Florent jubile. Il a de quoi faire un album qui le sortirait de la variété dans laquelle il s'est laissé cantonner. Ces chansons vont donner un nouvel élan à sa carrière. Il retrouve le son pop rock qu'il apprécie tant et entrevoit enfin une éclaircie dans la période sombre qu'il traverse.

Mais Franck Langolff refuse toute idée de collaboration. Dans ses mémoires, Florent Pagny revient, encore incrédule, sur les explications fournies par Langolff à ce moment-là. « Je ne vais pas te donner mes chansons, parce que je ne vais pas t'offrir ce que je n'ai jamais eu. Tu as déjà eu un grand succès avec "N'importe quoi". Si je te donne mes chansons, tu vas renouer avec le succès. Alors je ne vais pas te les donner parce que je n'ai pas envie que tu aies deux fois ce que je n'ai pas réussi à avoir une fois. Moi, tout le monde s'en fout que je chante, on ne veut que mes chansons. »

Langolff n'a pas adopté « la théorie des points forts » chère à Pagny. Non seulement il ne sera jamais un chanteur à succès, mais ses chansons n'ont pas eu la lumière qu'elles méritaient. Deux ans plus tard, il les donnera à Yannick Noah pour son album *Urban Tribu*, elles passeront inaperçues...

Pagny n'a pas le choix. Il doit livrer son deuxième album et se retrouve dans l'obligation d'écrire les paroles de neuf des dix titres. Malgré sa déconvenue avec Langolff, le chanteur persiste à vouloir reprendre « Tue-moi » et à en faire son premier single. « C'est le texte qui m'a cartonné la tête. Il y a deux, trois ans, quand j'ai découvert cette chanson, je me suis dit que cela faisait longtemps que je n'avais pas entendu une chanson française aussi bien écrite. Je me disais : “Attends, ça, c’est dans un placard, ça existe depuis sept ans et personne ne le sait.” Je m’étais dit : “Dès que je fais mon album, la première que je sors, c’est celle-là.” Il est certain que pour l’interprétation, avec ce qui m’arrivait dans ma vie, ça m’a aidé un peu… Mais bon, je n’en suis pas à ce stade-là non plus, il ne faut pas exagérer… C’est bien de vivre pour les autres, mais à un moment donné, il faut se mettre à vivre pour soi. D’un seul coup, je me mettais vraiment à vivre pour les autres, et pour moi, il ne se passait pas autant de choses que ça. C’est en ça que je devenais un vieux con car je finissais toujours par raconter ce que j’avais fait plutôt que de faire des choses.[41] »

Il enfonce le clou dans « Rien à cirer », sur France Inter, le 11 janvier 1993 : « Le choix était fait largement avant d’enregistrer cet album. Comme personne ne connaît cette chanson, je trouvais ça un peu injuste, j’ai pris ça comme cheval de bataille. Il est vrai qu’on l’a enregistrée en premier. On était un peu pressés de sortir quelque chose étant donné qu’il y avait eu deux ans d’absence. On a sorti “Tue-moi” et l’album est arrivé un mois et demi après. »

Mais la chanson ne fréquente pas les hauteurs du Top 50. Alors que le texte signé Francis Basset évoque la supplique d’un homme demandant à sa bien-aimée de veiller à ce qu’il ne devienne pas un vieux con aigri, le public ne retient que trois vers : « Tu m’tueras si tu t’en vas/ Tout conn’ment si tu t’en vas/ Qu’est-ce qui te prend, où tu t’en vas ? » « Je suis à un mauvais moment de ma vie. Et j’arrive avec une chanson extraordinaire, “Tue-moi”, qui est rattachée à ce que je vis. C’est la chanson du cocu de service, et le public n’avait pas envie de se retrouver dans ces moments-là.[42] »

---

41. « Pollen, les copains d’abord », France Inter, 4 novembre 1992.
42. *Toujours libre : la story de Florent Pagny*, C8, 29 avril 2016.

Florent Pagny fait à nouveau l'objet de quolibets. Pour des raisons obscures, un homme en proie à un chagrin d'amour, ça amuse. La chanson n'est pourtant pas le reflet de sa rupture, puisqu'à l'époque où elle a été écrite, il ne connaissait pas Vanessa. Et pour cause : la jeune chanteuse s'apprêtait alors à enregistrer « Joe le taxi » et, en attendant, faisait des chœurs en studio sur *Normal,* l'album de son compositeur Franck Langolff, et précisément sur la chanson « Tue-moi ».

S'avouer vaincu n'est pas le genre de Florent Pagny. Persuadé que la chanson est bonne, il la ressort en quatrième single de l'album *Bienvenue chez moi*... et en fait un tube !

« SI TU VEUX M'ESSAYER »

COLLABORATION PROVIDENTIELLE

Dès l'entame de sa carrière, Florent Pagny se met en quête d'auteurs et de compositeurs pour habiller sa voix. En vain. Jusqu'à ce que, après plusieurs refus, Jean-Jacques Goldman lui dise enfin oui.

Au milieu des années quatre-vingt, les PTT lançaient une pub ayant pour slogan « Le bonheur, c'est simple comme un coup de fil ». C'est exactement ce que Florent Pagny ressent lorsque Jean-Jacques Goldman décroche son téléphone pour l'inviter à participer à l'enregistrement du spectacle *Les Enfoirés chantent Starmania*, le 26 février 1993, à la grande halle de la Villette, à Paris. Goldman cherche un artiste capable de se frotter au répertoire de Daniel Balavoine. L'éventail des chanteurs aptes à réussir cet exercice périlleux est plus que restreint. À l'évidence, Florent Pagny est l'un des seuls à pouvoir relever le défi.

Sa mission : interpréter « Banlieue nord » en duo avec l'humoriste Smaïn. Les paroles de Luc Plamondon – « J'ai pas d'passé/ J'ai pas d'avenir » – renvoient Florent à sa délicate situation et le plongent dans une profonde mélancolie. Il regarde évoluer ses amis chanteurs en ayant la désagréable impression de ne plus appartenir à leur monde.

Pourtant, après avoir essuyé un premier refus quelques années auparavant, Florent Pagny ne se décourage pas et réitère sa demande à Jean-Jacques Goldman. Pourrait-il écrire son prochain album ? Florent rêve de chansons aussi fortes que celles qui ont été écrites pour Johnny Hallyday dans l'album *Gang*.

Mais le faiseur de tubes refroidit quelque peu ses ambitions. Touché par sa détresse, Jean-Jacques Goldman veut bien aider Florent Pagny, mais en lui offrant seulement deux titres sous le pseudonyme de Sam Brewski. « J'adore écrire des chansons, confie l'intéressé dans "Fax'O" sur M6, en 1994. C'est ce que je préfère. Je prends un pseudonyme simplement pour que les gens fassent la différence entre ce que j'écris pour moi ou pour Carole et Michael, qui est vraiment une aventure personnelle, et ce que j'écris pour Patricia Kaas, Marc Lavoine ou Florent Pagny, qui est un travail, dans le sens où je me mets à leur service. »

Pagny reconnaît : « Jean-Jacques m'a filé un gros coup de main dans une période très creuse. Il a toujours fait, du moins avec moi, les choses de la même manière. Il me donne un petit peu, mais pas tout. Il a un relationnel très particulier, et je peux le comprendre car j'en arrive au même. Il ne s'encombre pas avec les collaborations. Je l'avais sollicité pour tout un album et il a écrit trois chansons sous le pseudonyme de Sam Brewski, un pas en avant et deux en arrière. Je pense qu'il n'avait pas envie d'associer son nom à ce projet-là.[43] »

43. « Derrière les notes », RTS, 8 novembre 2017.

Goldman propose « Si tu veux m'essayer » à Florent Pagny. Le public adhère immédiatement à la voix chaude et pleine du chanteur, à la mélodie et à la sensualité des paroles.

Florent est plus réservé. Le texte ne lui correspond pas vraiment. Il vient de tomber amoureux d'une beauté argentine au doux nom d'Azucena Caamaño, qui ne voit pas d'un très bon œil que d'autres essaient son homme ! Les propos de la chanson sont renforcés par les images voluptueuses du clip, qui se déroule dans la chambre d'un hôtel américain. De quoi déplaire un peu plus à Azucena !

Mais, porté par son amour, Florent a promis à sa belle qu'il allait revenir sur le devant de la scène. Cette chanson est l'une des passerelles pour y parvenir. Elle devient leur porte-bonheur. Et tant pis si l'album dans lequel figure la chanson est baptisé *Rester vrai* et que « Si tu veux m'essayer » est un joli mensonge qu'il prend plaisir à interpréter. Dans son autobiographie, Pagny souligne son rapport particulier à cette chanson : « Je n'ai pas vraiment eu de coup de cœur. Et je n'ai pas d'affinité personnelle avec le message. Pourtant, lorsque je l'ai enregistrée, l'alchimie a opéré immédiatement. Que voulez-vous ? La magie Goldman ! »

« Si tu veux m'essayer » est une chanson recyclée. Le titre est ressorti du carton à chansons de Jean-Jacques Goldman. Il l'a déjà proposé à la chanteuse Émilie Bonnet au début des années quatre-vingt. Mais la jeune femme trouve le titre et le texte trop osés. À contrecœur, Jean-Jacques remplace le titre initial par « J'essaierai d'oublier » et édulcore les paroles. La chanson, qui a perdu tout son sel, passe inaperçue. Goldman revient à sa première idée avec Florent Pagny, qui en fait un tube se classant à la septième place du Top 50. « Si tu veux m'essayer/ Sans jurer toujours/ Juste pour y goûter/ Sans parler d'amour. »

Avant que la chanson ne sorte, Jean-Jacques Goldman invite Florent Pagny à prendre part au spectacle *Les Enfoirés au Grand Rex*, le 27 janvier 1994. Alors que Pagny songe à reprendre une chanson de U2, Goldman lui propose de chanter « Oh Happy Day » – chanson de gospel américain adaptée par Philip Doddridge et Edward Francis Rimbault d'un hymne religieux du XVIIIe siècle inspiré des Actes des Apôtres de la Bible – avec Carole Fredericks et une chorale gospel. « Carole débarque avec sa voix et toute une chorale de blacks qui assure. Tout d'un coup, tu es le petit blanc qui envoie et qui trouve sa place. J'ai créé une telle surprise ! On pensait que j'étais mort et fini. On ne s'attendait pas à ce que je puisse chanter de cette manière. Subitement, pendant deux mois, c'est comme si j'avais sorti un tube. Tout le monde ne me parlait que de mon "Oh Happy Day". Une sorte de résurrection.[44] »

Au micro de Sud Radio, en 2021, Florent se souvient de la magie du moment : « Ça fait du bien quand t'es dans le creux de la vague, d'un seul coup, de te sentir un peu apprécié sur une performance et puis d'avoir des retours comme ça. »

Sur l'album *Rester vrai,* Goldman écrit également « Est-ce que tu me suis ? », une sublime chanson d'amour choisie comme premier extrait de l'opus mais accueillie avec une certaine tiédeur par le public.

Pourtant, Florent Pagny ne peut que se reconnaître dans le texte, et ce dès l'entame de la chanson – « Je vais là où finissent les impasses » –, qui fait écho à sa vie. Quant au refrain, on l'imagine aisément poser ces questions-là à sa fiancée patagone : « Me suivrais-tu dans les nuits d'encre/ Quand le phare est éteint/ Si tu n'avais qu'à prendre ma

---

44. *Toujours libre : la story de Florent Pagny*, C8, 29 avril 2016.

main ?/ Me suivrais-tu dans les vies cendres/ Où tout brûler n'est rien/ Tant que tes yeux chercheront les miens ? »

Sur le même opus, Jean-Jacques et Florent coécrivent « Loin » tandis que Goldman cosignera une dernière chanson, « Une place pour moi », sur l'album suivant, *Savoir aimer*.

Quatre chansons et puis s'en va… Sans parler de *D'eux*, l'album culte que Jean-Jacques écrit pour Céline Dion, publié en 1995, Goldman n'a pas offert à Pagny l'attention qu'il accordera plus tard à une autre grande voix masculine, celle de Patrick Fiori. Mais en lui tendant la main alors qu'il est dans le creux de la vague, Goldman redonne une crédibilité artistique à Florent Pagny, sauvant ainsi sa carrière.

Florent n'a rien oublié : « C'était important de pouvoir partager du temps et de la création avec un type comme lui. C'est une vraie personnalité, il est très étrange. Il est nourri de tellement de musique et de mots […]. Et surtout, il a cette facilité à faire des chansons qui réveillent le peuple, qui réveillent le public, et j'avais besoin de ça »[45].

45. « 20 h 30 le dimanche », France 2, 2 avril 2023.

« JAMAIS »

LE CHOC DES TITANS

Le 2 septembre 1992, Florent Pagny chante pour la première fois en duo avec Johnny Hallyday. Sur le plateau de l'émission « Sacrée Soirée », ils reprennent « Toute la musique que j'aime ». Le taulier apprécie immédiatement le jeune chanteur car il trouve en lui un partenaire à sa hauteur. Il s'invite même sur son dernier album, *Rester vrai,* le temps d'une chanson signée du groupe Canada : « Jamais ».

« Je serai, je serai/ Jamais, jamais/ Je serai jamais là où tu pensais me trouver/ Jamais, jamais/ Je serai jamais du côté où tu m'attendais/ Jamais, jamais. »

Florent Pagny se souvient de sa collaboration avec Johnny. « Quand tu allais en duo avec lui, il était là pour te tester. Il en laissait beaucoup sur le chemin. Il était très content parce qu'enfin il y en avait un qui avait un peu de répondant. Et chaque fois qu'il avait besoin, il m'appelait.[46] »

Florent Pagny souhaite sortir « Jamais » en troisième single, après les deux chansons écrites par Goldman, « Est-ce

46. « Quelle époque ! » France 2, 18 novembre 2023.

que tu me suis ? » et « Si tu veux m'essayer ». Il remonte la pente peu à peu et chanter avec Johnny peut lui redonner du crédit. Mais Hallyday refuse catégoriquement. Écrite et composée par Gildas Arzel, Jacques Veneruso et Erick Benzi, qui, en 1986, ont connu le succès au sein du groupe Canada avec « Mourir les sirènes », la chanson séduit pourtant Hallyday, au point que le trio se trouve embarqué aux côtés de Jean-Jacques Goldman pour la conception de *Lorada* en 1995.

« Jamais », noyée dans l'album, n'est pas le duo le plus emblématique de Johnny et Florent. D'autres, en revanche, restent gravés dans les mémoires… à jamais.

Le 11 septembre 1998, les deux chanteurs reprennent « Le Pénitencier » au Stade de France.

Deux ans plus tard, le 10 juin 2000, ils partagent « Toute la musique que j'aime » lors du concert gratuit donné par Johnny Hallyday au pied de la tour Eiffel, célébrant ses quarante ans de carrière. « Le jour où tu arrives, que tu montes sur scène et que tu vois le Champ-de-Mars rempli, tu flippes.[47] »

Autre vertige, les 10, 11, 14 et 15 juin 2003, la rock star fête ses 60 ans au Parc des Princes et convie Florent à chanter « Pense à moi » un soir à ses côtés.

Enfin, le 15 juin 2013, c'est à Bercy qu'ils se retrouvent pour leur dernier duo, « 20 ans », un titre magnifique, signé Christophe Miossec pour les paroles et David Ford pour la musique. À la fin de leur prestation, Johnny présente Pagny au public en ces termes : « Mon ami Florent Pagny, le seul et l'unique. »

Florent Pagny explique la relation qu'il entretenait avec l'Idole des jeunes : « Avec Johnny, ce n'est pas anodin. C'est

47. *Ibid.*

une vraie longue histoire d'amitié, de participation et de chant. Parce que c'est vrai que les moments où on partageait le plus, c'est quand il m'invitait à venir chanter avec lui. Il a fait de tels événements que de mon côté je ne ferai jamais, donc je suis content qu'il m'ait invité pour chanter avec lui. Mais au-delà de ça, c'était tellement un monument et tellement un animal que moi j'ai appris énormément. Je n'ai jamais voulu faire partie d'une de ses bandes. Je n'ai jamais voulu traîner chez lui plus longtemps que ça. En revanche, je ne me suis pas gêné pour qu'on se retrouve souvent ![48] »

Hallyday appréciait Florent pour sa voix mais aussi pour sa manière de se comporter avec lui sur scène. Pagny n'a jamais eu la prétention « d'envoyer plus que lui », attitude que détestait le taulier.

Pourtant, le 14 juin 2003, un incident malencontreux met à mal la relation privilégiée entre les deux artistes. C'est le troisième des quatre concerts que donne Hallyday au Parc des Princes à l'occasion de ses 60 ans. Florent Pagny est invité à partager « Pense à moi », mais sa prestation ne va pas être un long fleuve tranquille. Assis dans le carré VIP du Parc des Princes, Pagny assiste, époustouflé, au show et attend qu'on vienne le chercher le moment voulu pour monter sur scène.

Son escorte arrive. Et rien ne se passe comme prévu… La configuration d'un stade de football ne ressemble en rien à celle d'une salle de spectacle. D'immenses couloirs circulaires se superposent, dessinant un redoutable labyrinthe. Les minutes cavalent et le régisseur aussi, avec Florent à ses basques. Incapable de retrouver son chemin dans ces dédales, il n'a qu'une question à la bouche à chaque personne croisée : « Où sont les escaliers ? »

48. « L'Invité », TV5 Monde, 5 avril 2023.

Mais personne ne sait. « Tu me fais un peu peur, là, tu ne connais pas le chemin », fait remarquer l'artiste au régisseur. Toujours au pas de course, dreadlocks au vent, Florent essaye de repérer d'où vient la voix de Johnny. Quêtant des renseignements, le régisseur semble enfin avoir trouvé le bon escalier ! Florent ralentit le rythme pour reprendre son souffle et se rassure : « C'est bon, ce n'est pas la prochaine, c'est dans deux chansons. » La scène apparaît au bout d'un long couloir. À peine finit-il sa phrase qu'il entend l'introduction de « Pense à moi ». Décharge d'adrénaline. « Mais c'est là, c'est maintenant. Donne-moi le micro », lance-t-il en panique au régisseur tétanisé, avant d'entamer un sprint final jusqu'à la scène !

Son calvaire n'est pas fini. La scène est masquée par de lourds rideaux. Il ne trouve pas l'entrée ! Johnny a entamé la chanson, et c'est bientôt à Florent de chanter. « C'est bon, je n'y vais pas, je n'ai pas de *ears.* » Dans la précipitation, un technicien tente de l'équiper. « Oublie, je n'ai pas le temps » s'agace l'artiste, ajoutant « Bande de blaireaux, comment pouvez-vous m'amener comme ça ? », avant, à la surprise générale, de se jeter dans l'arène, sous les acclamations de la foule en délire, et d'entonner « Pense à moi quand ses yeux te caressent/ Pense à moi quand ses gestes te blessent ».

Mais sans oreillettes, dans la clameur du stade, Pagny ne s'entend pas chanter et, s'appuyant sur le retour son du stade, perd le rythme de la chanson ! « Le fait que j'arrive en retard et qu'en plus je chante décalé d'un temps, ça ne lui a pas trop plu. Il me l'a fait remarquer. Moi, ça ne m'a pas trop plu qu'il me le fasse remarquer sans me demander pourquoi. Et donc on était un peu fâchés cette nuit-là, et le lendemain matin, Jean-Claude Camus et Laeticia m'ont laissé des messages en me disant “Écoute, on lui a raconté ce qui était arrivé, il veut que tu reviennes ce soir”, alors que je n'étais pas prévu au programme. Donc, je suis revenu.

Et c'est vrai qu'on ne s'est pas vus avant que j'arrive sur scène, et on se rabiboche en chantant. Et on le voit. C'est assez beau parce qu'on commence à chanter sans trop se regarder, puis on se retourne un moment, on reste quand même avec ce truc où on s'est fâchés un peu, et puis d'un seul coup, il relève les yeux, je le regarde, et il me fait son sourire qui faisait fondre la France entière. On se retrouve et on s'est pardonné l'un et l'autre. Et l'aventure continue avec Johnny.[49] »

Sur les images du concert diffusé en direct sur TF1, on voit Johnny baiser la main de Florent avant de le laisser quitter la scène. Une scène digne de *Gomorra,* comme pour signifier le respect qu'il lui porte. Florent Pagny livre ce soir-là sa meilleure prestation aux côtés du « patron », comme il le surnomme affectueusement, tant l'émotion entre les deux artistes est palpable.

Quelques années plus tard, Laurent Boyer diffuse à Johnny les images de la course folle de Florent Pagny dans les travées du stade. Hallyday est estomaqué et ne cache pas son admiration envers son camarade de jeu. « Alors, là, je dois dire qu'il est pro. J'applaudis Florent. Chapeau, quel professionnalisme ! Je ne connaissais pas ce document. Il est vraiment très pro et incroyable. Ce qu'il a fait, moi, je n'aurais jamais pu le faire.[50] »

Florent Pagny est en pleine tournée *55 Tour* lorsque la nouvelle de la mort de Johnny tombe, le matin du 6 décembre 2017. Le soir même, il chante au Zénith de Strasbourg. Il lui rend un hommage sobre et poignant. Ému, Florent s'adresse au public : « On est tous sous cette onde de choc… Le taulier est parti. C'est incroyable de voir ce que ce mec a toujours

---

49. *Ibid.*
50. « Le meilleur de Johnny », M6, 5 mars 2008.

fédéré. Je l'ai toujours vu dans ce contexte-là, et ce jusqu'à sa mort, devant des millions de personnes… Ce n'est pas un mec normal… On va lui dédicacer la chanson "Chanter" car c'était sa raison d'être. »

« BIENVENUE CHEZ MOI »

MAÎTRE EN SA DEMEURE

À la suite de l'album *Rester vrai,* la maison de disques de Florent Pagny veut battre le fer tant qu'il est chaud en sortant une compilation. Le chanteur s'y oppose, ne voulant pas « presser le citron du citron » ! Après réflexion, il propose d'agrémenter cette dernière de reprises remarquées et jamais gravées sur disque, à l'instar de « Oh Happy Day » avec Carole Fredericks, « I Don't Know » avec Noa et « Caruso », mais aussi d'une chanson inédite qui donne son titre à l'album : « Bienvenue chez moi ».

En déclinant l'offre de lui écrire un album entier, Jean-Jacques Goldman laisse à Florent Pagny le plus précieux des cadeaux : son équipe. Celle-ci est composée de Gildas Arzel, Jacques Veneruso et Erick Benzi, anciens membres du groupe Canada. Déjà présente sur le précédent album, elle est l'une des pièces maîtresses de la conception de la compilation *Bienvenue chez moi*, qui sort dans les bacs le 26 septembre 1995. « C'est toujours difficile de trouver un intitulé cohérent et qui ne vampirise pas le reste de l'album. Là, le titre s'est imposé de lui-même puisque nous avons enregistré chez mes parents, en Bourgogne. La chanson s'adresse à tous ceux qui partagent ma philosophie de vie.[51] »

La chanson qui ouvre l'album est écrite par Erick Benzi. Florent Pagny se l'approprie complètement. « Je ne peux pas chanter un texte que je ne pense pas et que je ne ressens pas. On a beau me dire "Ça va plaire à tout le monde", si, moi, je ne le ressens pas et si ce n'est pas en accord avec mes pensées, avec ma philosophie, je ne peux pas. Il est vrai que quand je suis tombé sur ce texte, j'ai eu l'impression qu'il était fait pour moi ![52] »

« Oh, sois le bienvenu chez moi/ Bienvenue chez moi/ Sans or et sans promesse/ J'ai tant à apprendre de toi. » « "Bienvenue chez moi", c'est plus philosophique que matériel, c'est plus un univers que chacun a à l'intérieur de lui. C'est plus dire "Attends, je n'ai pas besoin que tu sois socialement installé, que tu sois chanteur ou showbiz, que tu sois quelqu'un qui roule dans une belle voiture, pour te dire bonjour et que l'on puisse échanger un regard et se dire salut. Même si tu n'as rien du tout, si tu as simplement un peu d'amour à m'envoyer à travers tes yeux avec un petit sourire, ça me suffit, je peux répondre".[53] »

Le thème de la chanson présente des résonances avec « Famille » de Goldman… Pagny fédère à son tour. Florent trouve ce son pop rock qui lui permet de jouer avec sa voix, de la moduler comme il l'entend, notamment dans le final de la chanson.

---

51. www.florentpagny.org
52. « Mélodies Dimanche », RFI, 27 octobre 1995.
53. *Ibid.*

Seul titre inédit de la compilation, « Bienvenue chez moi » est enregistré à Montberthault, en Côte-d'Or. « Dans la maison où j'ai installé mes parents en Bourgogne, il y a deux maisons : une maison familiale [...] et une petite maison à côté, qui sert plutôt d'ateliers. Il y a une grande pièce, il y a l'atelier de ma compagne qui fait de la peinture, il y a l'atelier de mon père qui est menuisier, et il y a mon atelier musique, où l'on peut jouer avec tout un groupe et mettre tous les instruments. On a viré l'atelier du père pour mettre le studio, et on a tout enregistré dans une vieille maison avec des gros murs de pierre. La technologie actuelle nous permet de faire ce que l'on veut maintenant »[54] .

L'ambiance est détendue. Florent est dans son fief. Il peut s'adonner à la pêche, l'une de ses passions, en attendant que les musiciens l'appellent pour venir placer sa voix sur la musique. L'expression « facile et agréable » devient sa devise pour tout travail entrepris ! Florent réalise son rêve : il devient interprète de ses chansons et n'a plus à plonger dans les affres de la création pour trouver paroles et musique ! En revanche, il met un point d'honneur à exceller dans son point fort : l'interprétation.

Le clip en noir et blanc est également tourné sur place. On y voit la maison familiale, le studio d'enregistrement, la campagne, la rivière, la cascade, le chat, les chiens, Florent et Azucena, ainsi que l'une des peintures de la belle Argentine... La photo de la pochette de l'album est réalisée dans la foulée. Elle est signée Thierry Rajic. L'artiste pose dans la rivière, droit à côté d'un fauteuil, semblant marcher sur l'eau.

Pagny n'a plus aucune raison d'avoir le « Blues », cette chanson qu'il a écrite en reliant Paris à Montberthault. La première – et loin d'être la dernière – dédiée à Azucena.

---

54. *Ibid.*

Une chanson comme un message personnel que Florent glisse sur une plage cachée de l'album *Rester vrai* et de la compilation. « Oh j'ai le blues/ Le blues de toi/ Ce blues qui vient quand t'es plus là. » Il reprend dans le texte une faute de français d'Azucena qui le fait fondre : « Oui, j'ai le blues de te laisser/ Le blues de t'en abandonner. »

En plus d'avoir fondé ensemble leur société Cuadrada Productions pour gérer les tournées du chanteur, les tourtereaux vont devenir parents. Azucena est enceinte... Et la chanson « Bienvenue chez moi », comme un message au futur bébé, est très bien accueillie en radio et par le public. Madame la chance semble revenir dans le sillage de Florent Pagny, qui sait très bien la provoquer. S'il n'avait pas exigé qu'une chanson inédite figure sur la compilation, il n'aurait pas donné ce petit coup de pouce au destin, celui qui fait toute la différence.

« CARUSO »

LES LETTRES DE NOBLESSE DU BARYTON MARTIN

Au moment de concevoir la compilation *Bienvenue chez moi*, Florent Pagny annonce à sa maison de disques qu'il souhaite y inclure la reprise de « Caruso », le tube de Lucio Dalla. Celle-ci se montre fort sceptique, la version de Luciano Pavarotti, en 1989, ayant marqué les mémoires. Mais Florent n'entend pas les réserves. Bien lui en prend : dans sa carrière, il y a un avant et un après « Caruso » !

L'auteur-compositeur-interprète italien Lucio Dalla écrit « Caruso » en 1986. Il doit la chanson à une panne de bateau. « Je l'ai écrite par hasard. J'avais cassé mon bateau et je me suis retrouvé à Sorrente, près de Naples, dans l'hôtel où Enrico Caruso a passé ses derniers jours. On m'a logé dans sa suite et j'ai écrit la chanson en utilisant le piano sur lequel il jouait, en m'inspirant d'une vieille chanson napolitaine. Je n'aurais jamais pensé qu'elle se vendrait à trente millions d'exemplaires dans le monde. Sans cette avarie, jamais je ne l'aurais écrite.[55] »

---

55. *Libération*, 2 mars 2012.

Inspiré par les lieux, Lucio Dalla romance l'histoire de la dernière nuit du plus grand ténor de tous les temps, Enrico Caruso (1873-1921). La légende de l'opéra italien, qui a fait carrière aux États-Unis – où, pour situer son degré de notoriété, il est payé l'équivalent du salaire d'une star du football d'aujourd'hui –, revient à Naples pour y mourir. Caruso s'installe au Grand Hôtel Excelsior Vittoria, à Sorrente, avec vue imprenable sur la baie de Naples et la Méditerranée. La chanson témoigne de la douleur de partir d'un homme à l'agonie qui se souvient des grands moments de sa vie. Il cherche une lueur réconfortante dans le regard de sa femme Dorothy, de vingt ans sa cadette, et pense à leur fille Gloria, âgée de 2 ans.

En 1994, sur le plateau du « Cercle de minuit », sur France 2, Lucio Dalla se montre plus précis : « C'est la dernière nuit de Caruso dans la chambre d'hôtel où il vivait à Sorrente. Il ne chantait plus depuis longtemps car il était très malade. Mais, sentant la mort venir, il demande que l'on déplace le piano jusque sur la terrasse et il se met à chanter fort, si fort que les pêcheurs en mer sont retournés au port pour l'écouter et l'applaudir une dernière fois. C'est une histoire incroyable mais vraie. »

Florent Pagny reprend « Caruso » pour la première fois sur la scène du Zénith de Paris, en 1991, où il donne trois concerts du 15 au 17 janvier. En 1994, il est l'invité d'honneur de « Taratata » et peut choisir les artistes avec lesquels partager un duo. Pagny repense à Lucio Dalla, rencontré quelques années plus tôt grâce à son ami le designer Philippe Starck. « Lucio aimait bien Starck. On s'est vus à Bologne, chez lui. Pouvoir chanter cette chanson et connaître un peu plus la personne qui l'a créée, c'est une chance inouïe. Ce qui est intéressant, c'est de voir que quelqu'un qui chante de la variété puisse se l'approprier. Je l'interprète comme je la ressens, avec son côté pop, presque rap, comme le dit Dalla, et, côté lyrique, entendre un môme comme moi chanter "Caruso" en a surpris plus d'un.[56] »

Les deux artistes tenteront de faire des chansons ensemble, mais la magie n'opérera pas. Sur le plateau de « Taratata », en revanche, le temps suspend son vol. S'il avait repris la chanson en phonétique au Zénith, cette fois, Florent prend soin d'apprendre les paroles en italien et en napolitain. Le résultat est à la hauteur de l'attente. Le duo Pagny-Dalla figure parmi les plus mémorables de l'émission.

L'ambiance est plus détendue lors de l'enregistrement de la chanson pour la compilation. Dans le studio jouxtant la maison familiale, en Bourgogne, entouré d'Erick Benzi, Jacques Veneruso et Gildas Arzel, Florent Pagny peut se concentrer sur le plaisir de chanter. « J'ai mis très longtemps avant d'y retourner car elle fait peur, c'est un tel exercice ! En plus, j'ai un sublime arrangement. Même Lucio Dalla qui a créé cette chanson a convenu que les musiciens avaient bien travaillé. Ils l'ont bien embellie, ils l'ont bien habillée, ce qui fait que ça aide à la chanter.[57] »

La guitare nylon de Jacques Veneruso et la voix de Florent Pagny, qui mixe pop et classique, confèrent à la chanson cette couleur et cette élégance singulières.

Le propre d'un artiste est de surprendre. Et la surprise est de taille pour le public, qui découvre que Florent Pagny possède l'une des voix les plus puissantes de la chanson française. « C'est "Caruso" qui va faire décoller les ventes de la compilation. Cette chanson m'emmène là où aucune autre n'aurait pu m'emmener.

---

56. *Florent Pagny, l'homme qui marche*, Valérie Alamo et Stéphane Deschamps, Éditions Hors Collection, 2018.

57. « Pollen, les copains d'abord », France Inter, 3 janvier 1997.

Si “Bienvenue chez moi” avait bien démarré, c’est “Caruso”, en arrivant sur les ondes, qui propulse l’album à deux millions d’exemplaires vendus. Au-delà des chiffres, “Caruso”, c’est une médaille. Je suis enfin reconnu comme un chanteur, un vrai. Mon image change, “Caruso” me ressuscite. Des chansons avec ce pouvoir, il y en a peu, celle-là vient de loin.[58] »

Avec « Caruso », Florent Pagny revient sur les chemins de l’enfance. Avant d’accéder à la notoriété dans la panoplie du chanteur rebelle avec « N’importe quoi », l’artiste a été bercé par les grands airs d’opérettes et d’opéra. Baryton Martin, excellent élève au conservatoire de Levallois, il était prédestiné à devenir artiste lyrique. Mais devoir s’astreindre à une discipline draconienne pour préserver sa voix le freine. De plus, il ne se sent pas à l’aise dans le milieu de l’opéra, où l’on chante pour une catégorie de gens aisés. Lui veut chanter pour le peuple, pour des gens qui lui ressemblent. « C’était difficile pour moi de développer des disques, de faire des chansons françaises avec cette voix-là. Ça me mettait trop dans une catégorie “classique” m’obligeant à aborder un répertoire, toujours le même, ou à avoir une part de création pour faire bouger les murs du classique. À un moment, j’ai décidé de prendre une autre option, mais c’est vrai que ma voix s’abîme beaucoup plus avec la musique que je fais qu’en faisant du classique. Moi, je suis plus à l’aise dans ma respiration, dans les placements de voix sur des morceaux comme “Caruso”. Mes huit ans de présence dans la variété française m’ont permis de chanter différents thèmes musicaux, que ce soit variété ou rock and roll. Là, maintenant, on accepte “Caruso” comme une curiosité parce qu’on a vécu tout ce qu’il y avait avant. Mais si j’étais arrivé avec ça d’abord, la suite de ma carrière aurait certainement été plus difficile.[59] »

58. « Ligne rouge, Florent Pagny confidentiel », BFMTV, 15 décembre 2023.
59. « Mélodies Dimanche », RFI, 27 octobre 1995.

En juin 1998, « Caruso » permet à Florent Pagny de vivre l'expérience la plus inoubliable de sa carrière. Luciano Pavarotti l'invite à Modène pour participer à son grand concert humanitaire *Pavarotti & Friends* en faveur des enfants du Libéria. Le ténor se souvient que Lucio Dalla s'est montré dithyrambique au sujet de la performance du petit Français qui a magistralement repris « Caruso ». Pour leur duo, *Il maestro* a choisi « La donna è mobile », un air de l'opéra *Rigoletto* de Verdi, Pagny devant chanter sa partie en français. « En me rendant dans ma loge, je ne croise que des stars internationales. J'ai l'impression d'être dans un film. Céline Dion est la seule que je connais un petit peu. Pavarotti est sur scène en train de répéter avec Zucchero. Quand il m'aperçoit, il me lance : "Florent Pagny, incroyable, tu es venu." Et comment je suis venu ! Qui peut refuser une telle invitation ?[60] »

Pagny répète d'abord avec le pianiste du ténor. Ne parlant pas italien, il tente de lui expliquer qu'il serait plus à l'aise si on baissait la chanson d'un demi-ton. Aucun problème pour le musicien, qui transpose l'air en *la*. Mais, surgie de nulle part, l'imposante stature de Luciano Pavarotti apparaît et sa voix retentit trois fois d'affilée, allant crescendo : « Qui t'a dit de la mettre en *la* ? » Florent Pagny est pétrifié. « C'est l'artiste qui m'a mis le plus le trac. Je ne suis pas ténor, il me coince sciemment. Tu sais que le mec t'a mis la barre tellement haut que chaque fois que tu essayes de la passer, tu la fais tomber.[61] »

De répétition en répétition, le chanteur ne parvient toujours pas à sortir les notes finales. Dans son for intérieur, il sait qu'il ne peut les atteindre. Les mots de

60. *Florent Pagny, l'homme qui marche*, Valérie Alamo et Stéphane Deschamps, Éditions Hors Collection, 2018.
61. *Ibid.*

Pavarotti résonnent dans sa tête : « Travaille, Pagny, et tu vas y arriver ! » Un sentiment d'impuissance le gagne. Inlassablement, jusque dans sa chambre d'hôtel, Florent essaie de cueillir ces fameuses notes, sans plus de succès. L'émission est retransmise en direct sur MTV et le chanteur sent souffler le vent du boulet. Il est le seul Français invité à cet événement international et craint de se ridiculiser. Il ne peut pas tout perdre à nouveau, sur une chanson. L'idée de la fuite fait son chemin. Heureusement, Azucena, qui l'accompagne, le dissuade de prendre une telle décision. Elle lui fait comprendre que, s'il fuit devant l'adversité, il le regrettera toute sa vie. Ce jour-là, Florent doit à sa moitié de vivre le moment le plus fort émotionnellement de sa carrière.

Les caméras de M6 présentes en témoignent : c'est blanc de peur que Florent Pagny se dirige vers la scène. « Le soir de l'émission, la magie a opéré. J'avais trois notes difficiles à chanter, je n'y étais pas parvenu pendant les trois jours de répétition. Et là, ça marche. C'est la sensation la plus horrible qui soit pour un chanteur de devoir prendre une note quand il sait qu'elle n'est pas à sa portée. Je réussis la première, puis la deuxième, Pavarotti m'entend. Alors qu'il me tournait le dos sur scène, surpris, il pivote et me fait face. Il pense que je faisais exprès de ne pas sortir ces notes pendant les répétitions. Le doute naît en lui pour la note finale. Cette dernière note, je sais qu'elle n'est pas à ma portée, mais je lui laisse croire le contraire. Il me fait alors une sorte de croche-pied vocal. Il me la joue royal, c'est magnifique ! Il a cru que j'y allais. Il est tombé dans le piège, j'étais content.[62] »

Dans son autobiographie, Florent révise son jugement quelque peu épidermique, en raison du stress que lui a infligé

62. *Ibid.*

le ténor, concernant l'attitude de Luciano Pavarotti. « J'ai cru qu'il avait pris cette note parce qu'il pensait que j'allais la réussir, bluffé par celles que j'avais réussi à prendre avant. Aujourd'hui, je sais qu'il n'en est rien et qu'au contraire il m'a aidé. Il a eu peur pour moi, il savait que là-haut, je n'y allais pas, en tout cas pas sans dommage. Et il me l'a évité. » Pagny comprend aussi l'attitude de la diva italienne : « J'étais venu jouer dans sa cour en chantant de l'opéra. Il a eu raison de ne pas descendre d'un demi-ton. Car il se serait alors retrouvé dans ma tessiture. [...] Le grand public ne se serait pas aperçu de la différence et aurait pensé que je chantais aussi bien que lui ».

Ce soir du 9 juin 1998, les spectateurs italiens saluent par une ovation la prestation du *Francese*. Ces trois jours sont pour Florent Pagny à la fois les pires et les plus beaux de sa vie professionnelle. « Les pires car je n'ai jamais autant souffert et douté. Les plus beaux car ce duo avec Pavarotti m'a donné des galons pour ma carrière. Partout où je vais, même si on ne me connaît pas bien, les gens disent : "S'il a chanté avec Pavarotti, c'est qu'il a du talent." J'y ai gagné un certain respect du public.[63] »

---

63. *Florent Pagny, l'homme qui marche*, Valérie Alamo et Stéphane Deschamps, Éditions Hors Collection, 2018.

« SAVOIR AIMER »

OBISPO, L'INCONNU QUI PASSE

Pour son nouvel album, Florent Pagny dresse une liste de noms d'auteurs-compositeurs dont il aime l'univers et demande à chacun de lui écrire une chanson. Une décision qui va à l'encontre de la volonté de sa maison de disques, qui souhaite que le disque soit écrit et composé par un seul et même nom.

Autre point de divergence, le nom de Pascal Obispo, que la maison de disques qualifie de « sous-Polnareff », figure sur la liste. Florent suit tout de même son intuition. Sa première collaboration avec Obispo donne naissance à *la* chanson emblématique de son répertoire. « Quand je suis revenu d'Argentine, peu de gens avaient produit des chansons, mais il y en a un qui en avait fait beaucoup, c'était Obispo. J'étais à peine arrivé qu'il m'appelle. “J'ai de quoi faire un album entier, vingt chansons maquettées.” Lors de l'écoute, il me dit : “Celle-là, elle n'est pas aboutie, je vais te la faire au piano.” Et il me joue “Savoir”. La chanson s'appelle ainsi au départ. Jusqu'ici, il y avait de belles chansons, mais j'écoute “Savoir” et, tout de suite, je mets un astérisque. Ce n'était pas sa préférée. Il en avait deux qu'il avait gardées pour la fin

et il me les balance. Il y avait “Mourir les yeux ouverts” et “Chanter”. Mais je ne parviens pas à me détacher de “Savoir”. Je lui demande alors de poser ma voix sur sa musique.[64] »
« Mais savoir donner/ Donner sans reprendre/ Ne rien faire qu'apprendre/ Apprendre à aimer. »

« Je pars avec cette cassette, et là, je me suis amusé pendant quelque temps. Chaque fois que je faisais écouter la chanson, les gens, à l'unanimité, avaient tous la même réaction. Au même moment. Ils écoutaient le début, la présentation, et dès que le truc démarrait – “Mais savoir donner/ Donner sans reprendre” –, ils relevaient tous la tête en disant : “Que c'est beau !”[65] »

Florent présente, non sans jubiler d'avance, la maquette à sa maison de disques. « Je ne dis pas qui c'est. À un moment, ils relèvent la tête :

– C'est énorme, c'est qui ?

– Celui que vous vouliez que j'enlève de la liste, le dernier, Obispo.

– Obispo, il t'a fait ça ?

– Oui, Obispo, il m'a fait ça et plein d'autres, et je vais en prendre certaines.[66] »

Dans la foulée, Florent Pagny annonce la bonne nouvelle à Pascal Obispo et lui fait cette étrange prédiction : « La maison de disques va t'appeler pour te demander de faire l'album de Johnny. » Bingo, Obispo composera l'opus *Ce que je sais*, publié en 1998 !

Si Obispo est le compositeur de « Savoir aimer », Lionel Florence en est l'auteur. Ensemble, ils viennent de connaître le succès avec « Lucie ». Le parolier raconte : « Pascal Obispo

---

64. *Ibid.*
65. *Ibid.*
66. *Florent raconte Pagny*, France 3, 15 mars 2024.

avait entre les mains le projet d'un nouvel album pour Pagny. Je ne montrais guère d'enthousiasme car Florent avait pour moi une image de rebelle, de grande gueule. C'était un chanteur à voix, fâché avec les journalistes, un peu oublié dans sa traversée du désert. Même si les chansons n'étaient pas faites sur mesure pour lui, Florent a eu l'intelligence de choisir des chansons d'Obispo qui allaient construire son nouveau répertoire.[67] »

L'auteur est conquis par ce qu'il entend. « Ma part de féminité ou de douceur, de maturité ou de quiétude, correspondait à ce que Florent vivait et voulait présenter à son nouveau public. J'avoue que sa douceur, son renoncement à en faire trop, l'absence de performance vocale m'ont immédiatement étonné. Et forcément séduit…[68] »

À l'origine, la chanson s'intitule « Savoir ». Une chute à moto envoie Florent Pagny à l'hôpital et change la donne. « J'ai été soigné par un grand professeur d'origine libanaise, un homme plein d'amour, qui sauve des vies et explique que "l'être humain ne sait plus aimer. Il faut réapprendre à aimer. Il faut savoir aimer". Je l'écoute et je lui dis : "Tu as raison." Je pense à ma dernière chanson et je me dis que "Savoir aimer", c'est beaucoup mieux que "Savoir". J'ai appelé Obispo et Lionel Florence pour leur dire "Je change votre titre. La chanson s'appellera 'Savoir aimer', car dans 'Savoir', il y a toujours un petit côté prétentieux, alors que 'Savoir aimer', c'est une grande leçon".[69] »

Lionel Florence se repose au bord de sa piscine avec des amis lorsqu'il reçoit l'appel du chanteur. « Mes amis n'ont

67. *Florent Pagny, l'homme qui marche*, Valérie Alamo et Stéphane Deschamps, Éditions Hors Collection, 2018.
68. *Ibid.*
69. *Ibid.*

jamais voulu croire que je venais d'avoir Pagny au téléphone. Je leur ai donc fait écouter la maquette que j'avais reçue. Alors que je n'avais aucun recul, comme d'habitude, sur le potentiel du succès de la chanson, ils m'ont répondu : "Là, tu as fait fort." Pour moi, c'était une jolie ballade qui ne correspondait pas au chanteur à voix. Heureusement que je me trompe tout le temps.[70] »

Au moment d'enregistrer la chanson en studio, Florent Pagny ne retrouve pas la magie initiale, celle de la première version. Les diverses tentatives se révèlent infructueuses. Le chanteur se rend à l'évidence : son interprétation sur la maquette est bien meilleure. L'émotion y est palpable. L'intuition, sans doute, de découvrir une chanson majeure. « "Savoir aimer" est un truc où tu te dis : "Wow, quel message d'amour, quelle beauté !" Il faut être à la hauteur dans l'interprétation. C'est une chanson super difficile à tenir, et si tu n'as pas les bonnes fréquences, tu t'écroules au deuxième couplet. "Savoir aimer", c'est l'un des plus beaux tubes que j'ai eus.[71] »

Toutes les fées semblent penchées sur le berceau de « Savoir aimer ». La chanson inspire au réalisateur Sylvain Bergère un clip en noir et blanc qui marque également les esprits. Florent Pagny se souvient : « Il me dit : "Écoute, j'ai une idée, tu vas faire la chanson en langage des signes. Il ne s'agit pas d'apprendre la langue dans sa totalité, mais simplement les mots de la chanson." Je lui faisais les prises et je les faisais tellement tout le temps, impeccables, que cela lui a donné l'idée de découper le cadre en trois. Ce sont trois prises différentes qui sont toujours synchro que l'on voit à l'écran. Tu réalises à quel point cela va avec la

70. *Ibid.*
71. « Le monde d'Élodie », France Info, 11 juillet 2023.

chanson et que ça complémente cette dimension d'amour, de partage et d'altruisme.[72] » En 2024, le groupe de pop rock britannique Coldplay illustre sa chanson « Feels Like I'm Falling in Love », extrait de son album *Moon Music*, d'un clip de même facture que celui de « Savoir aimer ». Coldplay est rejoint par Natasha Ofili et le Coro de Manos Blancas pour interpréter la chanson en langue des signes. Le clip est également tourné en noir et blanc et l'écran divisé en plusieurs images. Réalisé par Ben Mor, il est diffusé pour le première fois le 1er juillet 2024, le mois de juillet étant le mois de la fierté des personnes handicapées.

La pochette du single « Savoir aimer » est aussi l'objet d'une belle histoire. Elle est tirée de l'un des tableaux d'Azucena Caamaño, la compagne de Florent, qui illustre également tout le livret de l'album. Une série représentant en gros plan des couples énamourés se faisant face. « Les maisons de disques ne veulent pas de visuel autre que la photo du chanteur. À un moment, je dis "Je ne veux même pas discuter, c'est ça et rien d'autre", et à la fin de la réunion il y avait des tests faits avec toutes les pochettes que l'on pouvait trouver en boutique, et la seule qu'on voyait, c'était celle-là, c'était ce bleu et jaune avec ce "Savoir aimer". On a bien fait d'insister.[73] »

La chanson « Savoir aimer » est le premier extrait de l'album, auquel elle donne son nom. Elle reste neuf semaines classée numéro un du Top 50.

Le 20 février 1998, Florent reçoit deux trophées aux Victoires de la musique, cérémonie présentée par Michel Drucker. L'un dans la catégorie « artiste interprète masculin » et l'autre dans celle « vidéo-clip ». Fier et ému, Florent les

---

72. *Savoir aimer*, TF1, 5 février 2018.
73. *Ibid.*

dédie aux deux femmes de sa vie, sa mère, Odile, et Azucena. « Maman, on l'a, ça fait dix piges, hein, quand même ! » dit-il en montrant le trophée à la caméra, faisant référence à sa dernière victoire en 1988 dans la catégorie « révélation masculine ».

Il cherche ensuite du regard Azucena dans la salle et, prenant les spectateurs à témoin, confie : « C'est elle comme moi qui recevons ce prix, car tout s'est bien repassé à partir du moment où je l'ai rencontrée. C'est vraiment ma chance ! »

Une fois encore, si Florent Pagny avait écouté « ceux qui savent » dans sa maison de disques, comme pour « Caruso », il serait passé à côté d'une destinée florissante. « Avec "Savoir aimer", j'arrive au grand niveau de chansons où tout est réuni. J'ai la musique, j'ai les paroles, j'ai ce qu'on appelle un tube, mais en plus pas un tube saisonnier. Un tube intemporel. Dès les premiers accords, elle te plante le décor tout de suite. Elle ne bougera jamais, je pense. C'est le destin. Je devais avoir cette chanson, elle était faite pour moi.[74] »

74. *Ibid.*

« SIERRA CUADRADA »

PATAGONIE, *TIERRA DE AMOR*

Quand il tombe amoureux d'Azucena Caamaño, Florent Pagny ignore qu'en plus de deux beaux enfants, elle lui offrira aussi une terre promise : la Patagonie. Un petit bout d'Argentine dont il deviendra le meilleur ambassadeur en France.

Alors qu'il séjourne en Patagonie, Florent Pagny grimpe sur le plus haut sommet à proximité de son ranch pour capter du réseau téléphonique. Le Gaucho qu'il est devenu octroie une heure au chanteur qu'il est pour régler les affaires courantes. Florent Pagny prépare son nouvel album et fait savoir aux auteurs-compositeurs qu'il a sollicités qu'il sera prochainement de retour sur le sol français. Au téléphone, Florent leur parle de sa vie en Argentine et du bonheur qu'il ressent à vivre en famille au plus près de la nature. Son enthousiasme inspire Jacques Veneruso, qui lui écrit « Sierra Cuadrada », en mettant en exergue le dédoublement de personnalité de l'artiste, mais aussi son amour pour sa terre d'adoption. « Sierra Cuadrada, c'est là que naît le père d'Azucena, au centre de la province de Chubut. C'est là, pour moi, que bat le cœur de la Patagonie, une région particulièrement sauvage, rude, aride, une région de vent et de désert, un endroit dans lequel je me suis immédiatement senti chez moi », confie Florent Pagny dans son autobiographie. Cuadrada est également le nom de la société de production qu'il a montée avec celle qui fait battre son cœur. « Des mains qui se tendent/ Pour porter ma voix bien plus haut/ Un dernier visage/ Un dernier salut, j'suis plus là/ Je ferme les yeux/ Je pars, là-bas/ Je sais, je sais où m'entraînent mes pas/ Jour après jour/ Je sais, je sais, tout commencera là-bas/ Sierra Cuadrada. »

Dans « Sierra Cuadrada », qui figure sur l'album *Savoir aimer*, Veneruso saisit l'instant où Florent Pagny délaisse son costume de chanteur pour redevenir anonyme dans la pampa patagone. Deux facettes d'une même personnalité, indissociables : « Quand tu viens de l'effervescence parisienne et que tu arrives ici, cela présente des attraits. Mais vivre toute la vie dans un endroit où il n'y a personne, ce n'est pas possible. J'ai la chance d'alterner les deux, quitter un endroit où tout le monde me connaît et me retrouver dans un ailleurs où je suis anonyme. C'est une énorme chance dont je profite et je ne peux vivre ni sans l'un ni sans l'autre.[75] »

Pagny choisit de s'installer en Patagonie une partie de l'année, non pas pour se trouver, mais « pour ne pas se perdre », comme il le souligne. « J'arrivais à un moment de ma vie où je saturais avec la notoriété. Je n'arrivais plus à gérer le côté connu. Cela me montait au cerveau. En venant ici, j'ai senti que je trouvais un équilibre, que j'allais pouvoir

75. *Florent Pagny, l'homme qui marche*, Valérie Alamo et Stéphane Deschamps, Éditions Hors Collection, 2018.

vivre ma notoriété sainement, sans péter un câble, sans me prendre pour un autre.[76] »

Le 17 avril 2024, l'artiste s'épanche un peu plus sur le sujet au micro de Chérie Belgique : « C'est vrai, j'ai la chance d'avoir pu alterner entre ma vie de chanteur et ma vie de Patagon. Ça m'équilibre vraiment. Je passe de la multitude à la solitude, donc c'est super. La notoriété, à un moment, ça devient un petit peu trop. On devient un peu trop une image, un personnage, accaparé par l'extérieur, et à la fin, tu vis avec ton ego, c'est horrible. Et donc tu finis par ne plus savoir qui tu es et, pour ne pas passer de l'autre côté du miroir, j'ai plutôt pris un avion. Mais c'est la chance d'avoir rencontré ma moitié qui vient de cette région-là, de me retrouver dans cet endroit et de me sentir chez moi, parce que tout le monde n'arrive pas en Patagonie en disant "Ah, super, je suis à l'aise, c'est chez moi", mais pour moi, c'est comme ça que ça s'est passé, et donc ça m'a nivelé tout le reste. »

Florent Pagny trouve le parfait équilibre entre ses deux patries, entre ses deux existences distinctes. « En Patagonie, je croise peu de gens, et le peu que je croise ne savent pas que je suis chanteur. C'est le but du jeu [...]. Cela me permet de devenir un peu spectateur du "Pagny chanteur", je rigole un peu de tout ça, on redescend de son piédestal pour vivre dans la vie réelle, c'est-à-dire dans la nature, avec ce qu'il y a autour de nous. Une vache qui met bas, cela n'a rien à voir avec les plateaux de "Sacrée Soirée" »[77] .

La Patagonie, c'est aussi et surtout, pour Florent Pagny, la terre natale de la femme de sa vie. C'est elle qui l'a guidé jusqu'au bout d'un monde qu'il n'aurait pas su trouver sur une carte auparavant.

---

76. « 50 minutes inside », TF1, septembre 2017.
77. « Pollen, les copains d'abord », France Inter, 31 octobre 1997.

Jacques Veneruso a l'idée romantique de demander à Azucena de lire en espagnol en entame de « Sierra Cuadrada » quelques vers qui peuvent se traduire ainsi en français : « Parfois, l'homme est comme le soleil/ Il dispose de deux points d'appui/ Le premier, où il est né/ Il monte et grandit/ Le second, où il descend/ Il se pose et se repose/ Après un long voyage dans le temps/ Sierra Cuadrada. » Florent est aux anges : son amoureuse, la Patagonie et lui gravés à jamais sur CD, c'est mieux encore qu'une bague de fiançailles !

La Patagonie sera également mise à l'honneur en 2003 dans deux chansons servies par la plume de Pierre-Yves Lebert et figurant sur l'album *Ailleurs land* : « Demandez à mon cheval » et « Ailleurs land », qui donne son nom à l'opus.

« Si on te demande, dis-leur/ D'oublier de m'attendre/ Car ici, c'est ailleurs/ Ailleurs land/ Et si on te demande, dis-leur/ Je travaille de mes mains/ Je regarde le ciel/ Je vais à l'essentiel/ Ailleurs land. »

Dans « Ailleurs land », l'auteur confronte deux mondes diamétralement opposés : celui des faux-semblants et celui de l'authenticité. Sur une musique de Pascal Obispo, les mots percutants de Lebert – « Et j'essaie loin des hommes/ De redevenir humain » – font d'« Ailleurs land » l'une des chansons les plus emblématiques de Florent Pagny.

Autre titre signé Pierre-Yves Lebert, « Demandez à mon cheval » souligne une nouvelle fois la distance prise par Florent Pagny face au monde de plus en plus surfait : « Jéricho sait très bien se méfier des humains/ Quand leur sourire est faux/ Jéricho sait très bien lire les lignes de ma main/ Avec son souffle chaud. » Sur une musique rock signée Frédéric Chateau – alias Asdorve – et Pascal Obispo, la chanson prend sur scène une dimension nouvelle. « C'est drôle, je n'ai jamais rencontré Pierre-Yves Lebert, et il m'a fait les chansons qui collent le mieux avec moi, un peu comme de vieilles pantoufles », s'enthousiasme Pagny au micro de Sud Radio, invité pour la sortie de l'album, en avril 2003.

« Ailleurs land » et « Demandez à mon cheval », comme toutes les chansons de l'album *Ailleurs land*, sont enregistrées en Patagonie dans une roulotte transformée en studio. Debout devant son micro, l'artiste chante avec une vue imprenable sur l'Atlantique Sud.

Mais le « Grand Sud », comme est surnommée la Patagonie, est vraiment sublimée dans la chanson « Terre », incluse dans l'album *Châtelet les Halles*, paru en 2000. Pourtant, son auteur, Jean-Marie Marrier, a dû réviser sa copie. Quand Florent Pagny reçoit le texte, les références à l'Argentine sont trop évidentes et le chanteur lui demande de réécrire les couplets car il ne veut pas « que l'on donne son adresse ». La leçon est double : ces références sont inutiles car chacun sait que « Terre » est synonyme de Patagonie pour Pagny, mais surtout, la chanson s'adresse à un large public qui, en l'écoutant, doit retrouver « sa terre sienne ». Les indications géographiques réduisent l'imaginaire. « Je connais ces terres/ J'ai foulé ces pierres/ J'y suis déjà venu/ Et j'y ai vécu/ Une sensation franche/ Cette lumière blanche/ J'ai enfin trouvé/ La paix que je cherchais. »

Après être tombé fou amoureux d'Azucena, Florent Pagny tombe tout aussi amoureux de son pays. Dans « 50 minutes inside », sur TF1, en septembre 2017, la belle Argentine revit la première rencontre entre sa terre et l'homme de sa vie. « Nous sommes venus chez moi pour que je lui présente mes parents. J'avais promis à mon père un voyage particulier dans le Sud, lui qui aime la voiture. On est allés jusqu'à la Terre de Feu, et c'est comme cela que Florent a découvert mon pays. Nous avons parcouru six mille kilomètres en dix jours. Il était fasciné. À un moment donné, on est partis marcher.

Il a regardé en direction des montagnes et a fait un tour de trois cent soixante degrés, en disant : “Ce n’est pas possible, ça n’existe pas. Je veux vivre ici. Si on a un enfant, il faut qu’il habite sur les deux terres pour avoir les deux racines.” Et c’est ce qu’on a fait. »

Fin 1997, le couple fait l’acquisition d’un ranch et de quatre mille hectares de terres avec un lac. Il s’y installe une partie de l’année, contre l’avis des amis et de la maison de disques qui pensent que le public pourrait bien oublier Florent si le chanteur part trop longtemps.

Ils vivent dans une petite maison repeinte en bleu, élèvent leurs enfants, loin de la célébrité de leur père, cultivent la *Rosa mosqueta* qu’ils transforment en produits cosmétiques de luxe vendus en France sous la marque Rosazucena. Au début, ils élèvent également du bétail – des vaches pour le lait et les entrecôtes, des moutons pour la laine et le gigot –, avant de s’en séparer quand ils arrêtent de manger de la viande.

Florent Pagny est dans son élément. Il travaille de ses mains, transforme les troncs d’arbres en meubles et répare la pompe à eau quand elle fait des siennes. « Tout est vaste et disproportionné. Quand tu vas à la pêche, tu te retrouves seul sur un lac, sans aucun autre bateau, et tu mets deux heures pour le traverser. Tu attrapes des poissons quatre fois plus gros qu’en France.[78] »

Il prend plaisir à emprunter des chemins vierges dans la montagne et s’offre au bout de trois ans de persévérance un point de vue exceptionnel sur la falaise, dont il est le premier Terrien à profiter ! « Il y a tellement peu de choses et, en même temps, cela te nourrit tellement, c’est assez incroyable. Le désert de Patagonie, moi, je passe des heures tous les

78. *Paris Match*, 5 mars 1998.

jours à m'y trimballer, à ramasser des cailloux de toutes les couleurs qui brillent au soleil. Je reviens au bout de quatre heures d'errance et je suis rempli de plein de choses, je ne pense à rien de spécifique, je suis rempli d'énergie de vie, je suis plein de bonheur, je suis heureux de continuer à partager cette vie avec Azucena et Inca, notre fils d'un an et demi. Tout d'un coup, je me dis : “Je ne suis plus un chanteur, je ne suis plus un homme public, je suis un quidam, qui vit en effet une vie extraordinaire, qui ne se pose pas trop de questions non plus et qui ne se prend pas trop au sérieux non plus…” Là-bas, j'ai une forêt de bois pétrifié et je vois des choses incroyables. Je suis tout seul au milieu de la pampa, où il y a quand même un esprit de pionnier, parce que tu sais que peu de gens y sont passés. Tu te dis que tu es parmi les deux ou trois centièmes à t'être baladé dans ce coin-là depuis tellement d'années. Ça donne le vertige.[79] »

Épouser une terre étrangère à la sienne, se sentir en parfaite adéquation avec un sol, une lumière, des odeurs, être transporté par une euphorie paisible à la vue des paysages reste pour Florent Pagny l'une des plus belles aventures à vivre, l'une des plus inattendues aussi. « La vie est différente. À Paris, je pense à la mort ; en Patagonie, je n'y pense jamais.[80] »

---

79. « Synergie », France Inter, 4 novembre 1997.
80. *Le Figaro*, 14 décembre 2001.

« CHANTER »

SA RAISON D'ÊTRE

Attention, un tube peut en cacher un autre ! Après avoir choisi le titre « Savoir aimer » comme premier extrait de l'album du même nom, Florent Pagny jette son dévolu sur « Chanter » pour le deuxième single. Une chanson emblématique de son répertoire, qui a connu quelques péripéties avant de trouver son interprète idéal.

Pascal Obispo, compositeur de la chanson, se souvient : « Le directeur artistique de Sony Music m'avait demandé d'écrire un album pour France Gall. J'hésitais car je suis fan de Michel Berger et passer après lui me paraissait impossible. Il a insisté, alors j'ai écrit "Chanter". Pascal Nègre entend la chanson pendant que je suis en train de la composer et veut absolument que je la donne pour *Ce que je sais*, l'album de Johnny, dont je suis également le compositeur. J'ai refusé de la lui donner car j'avais rendez-vous avec France pour lui faire écouter toutes les chansons que j'avais préparées. Finalement, l'album avec France Gall ne se fait pas et, à la suite d'un imbroglio, la chanson se retrouve orpheline.[81] »

81. « 50 minutes inside », TF1, 23 janvier 2018.

De son côté, Florent Pagny, en recherche de chansons pour son prochain album, a vent de cette histoire. Il va trouver Obispo : « Dis-moi, on m'a parlé d'une chanson que Johnny voulait…

– Oui, mais je ne l'ai pas donnée à Johnny.
– Et France Gall ?
– Elle ne l'a pas prise non plus.
– Et à moi, tu me la donnes ?
– Ouais, je te la donne.[82] »

On ne change pas une équipe qui gagne. À l'instar de « Savoir aimer », « Chanter » est signée Obispo pour la musique et Lionel Florence pour les paroles. En 1982, C. Jérôme – avec « Chanter » – a déjà abordé l'effet cathartique du chant. Cette chanson écrite et composée par Didier Barbelivien, Jean Albertini et Guy Mattéoni, portant le même titre que celle choisie par Florent Pagny, pourrait être sa grande sœur. Lionel Florence reprend le thème en déclinant les situations heureuses et malheureuses de la vie durant lesquelles le chant apparaît comme un allié : « En haut des barricades/ Les pieds et poings liés/ Couvrant les fusillades/ Chanter sans s'arrêter. » On pense à Gavroche, fusillé en chantant.

Le thème est fédérateur et met en évidence l'importance de la chanson dans notre quotidien. Une chanson a le pouvoir immédiat de vous prendre par la main et de vous transporter au pays des souvenirs. En quelques notes, une chanson vous ramène à l'enfance, à vos 20 ans, aux premières amours, aux premières ruptures… Elle nous accompagne dans tous les moments importants de notre existence, et ce jusqu'à notre dernier souffle puisque certains choisissent

82. *Ibid.*

aussi la bande-son de leur enterrement. Elle rassemble des inconnus et cimente les liens. Il suffit d'entendre un jour les supporters de football entonner « Les Corons » au stade Bollaert-Delelis de Lens ou « You'll Never Walk Alone » à Liverpool pour en être convaincu. La chanson permet de ne jamais marcher seul.

Des études scientifiques montrent que, lorsqu'on chante ou que l'on écoute nos chansons préférées, notre cerveau libère un niveau élevé de dopamine et d'endorphines, ce qui a pour effet d'améliorer notre sentiment de bien-être. Chanter change également l'équilibre de la balance : le taux de cortisol (hormone du stress) diminue, tandis que le taux d'ocytocine (l'hormone du bonheur) augmente.

« Je ne sais faire que chanter », clame Florent Pagny, et « chanter » est bien le verbe qui le définit le mieux. Chanter lui a permis d'écrire une autre histoire que celle qui était déterminée par son milieu social. « J'ai toujours pensé que ma voix était un passeport pour la liberté.[83] »

En 2020, lors des trente-cinquièmes Victoires de la musique, où il officie en qualité de président d'honneur, Florent Pagny interprète « Chanter » aux côtés de Slimane, Maëlle et Vitaa, et de cinquante choristes sur scène. L'un des plus beaux moments de la cérémonie…

Le 30 juin 2023, dans les arènes de Nîmes, Florent donne son premier concert depuis un an et demi. Début 2022, son cancer du poumon a stoppé net la *Tournée des 60 ans*. Pour son retour, « Chanter » figure en bonne place sur la liste des chansons choisies. Très ému, alors qu'il vient d'interpréter « Savoir aimer », il s'adresse au public : « Et sur ce même album, il y avait une chanson qui définit complètement ma raison d'être là sur scène, d'être là avec vous, parce qu'il s'agit

83. *Platine*, décembre 1994.

de “Chanter”. » « Chanter quelqu’un qui s’en va/ Pour ne pas cesser de vivre. »

Que d’émotion à entendre ce dernier vers dans ce contexte si particulier… Dans l’enceinte romaine pleine à craquer, des larmes coulent sur les visages. Des sourires tendres se dessinent aussi… Ce que les spectateurs ignorent, c’est que, la veille, le chanteur est tombé violemment et s’est cassé trois côtes. « Chanter encore et toujours… »

En 2019, dans l’album *Aime la vie*, Pagny reprend le même thème dans « Si une chanson », signée cette fois Emmanuelle Cosso pour les paroles et Daran pour la musique, sans réitérer le succès de « Chanter », qui véhicule un certain état de grâce. « Chanter/ Pour oublier ses peines/ Pour bercer un enfant/ Chanter/ Pour pouvoir dire “Je t’aime”/ Mais chanter tout le temps… »

« CELUI QUI A DIT NON »

UN PAS DANS L'HISTOIRE

Alors que le double album *RéCréation* – sur lequel Florent Pagny reprend en version techno-dance des chansons appartenant au patrimoine de la chanson française – s'apprête à sortir dans les bacs, une autre figure de l'histoire de France le ramène dans l'Hexagone alors qu'il séjourne en famille en Patagonie : le général de Gaulle, par l'entremise de Robert Hossein.

Dans son autobiographie, Florent Pagny se souvient de ce moment particulier : « "Celui qui a dit non", c'est Robert Hossein qui me le propose. Sa voix inimitable résonne dans le téléphone alors que j'arpente mon *Campo* en Argentine, pour trouver un peu de réseau. "Florent, je vais faire un spectacle sur De Gaulle, le producteur François Pinault et moi souhaiterions que ce soit toi qui chantes la chanson titre." »

Même s'il n'est pas féru d'histoire, Florent Pagny a toujours eu un faible pour la figure du général de Gaulle. On ne dit pas non au général ni à Hossein. Le chanteur s'engage, non sans une pointe de fierté, dans cette aventure singulière. Fierté de chanter la France et fierté d'avoir été choisi par Robert Hossein, un monstre sacré du cinéma et du théâtre populaire.

Comment oublier Joffrey de Peyrac dans *Angélique, marquise des anges*, le commissaire Rosen dans *Le Professionnel* ou encore *Les Misérables*, film qu'il réalise en choisissant Lino Ventura pour le rôle de Jean Valjean et Michel Bouquet pour celui de l'inspecteur Javert ?

À l'instar de Jean Vilar, créateur en 1947 du Festival d'Avignon puis directeur du Théâtre national populaire (TNP), Robert Hossein souhaite démocratiser le théâtre en le rendant accessible à un public plus large. Dans cette optique, il produit des spectacles d'envergure, imaginant une interactivité avec la salle ou l'utilisation encore inédite d'images projetées. Les triomphes se succèdent : *Le Cuirassé Potemkine* ; *Notre-Dame de Paris* ; *Danton et Robespierre* ; *Les Misérables* ; *Un homme nommé Jésus* ; *Jules César* ; *L'Affaire du courrier de Lyon, La Liberté ou la Mort* ; *Dans la nuit, la liberté* ; *Jésus était son nom* ; *Je m'appelais Marie-Antoinette* ; et *De Gaulle 40/45 – Celui qui a dit non*. Pour ce prochain spectacle consacré à De Gaulle, Robert Hossein souhaite une chanson qui servirait de bande-annonce.

Il a trouvé l'auteur du titre en la personne de Philippe Labro. Pour la composition, Hossein compte sur Pagny, qu'il identifie sans doute comme un auteur-compositeur-interprète. Florent n'ose le contredire et, dans la pampa, réfléchit à la meilleure manière de sortir de l'impasse. Quel compositeur peut-il appeler à la rescousse ?

La réponse est devant ses yeux. Son ami Patrick Becker, en villégiature chez les Pagny en Patagonie, prend sa guitare. L'idée l'enthousiasme. « Il a une inspiration, celle de renverser les accords de *La Marseillaise* pour créer une mélodie solennelle. Je rebondis sur sa proposition », confie Pagny dans son autobiographie. « Celui qui a dit non » est la dernière chanson qu'il compose ou, en l'occurrence, qu'il co-compose. Habiller les mots de Labro pour tirer sa révérence de compositeur ne manque pas de panache !

Le 18 juin 1999, au forum de la Fnac à Paris, Florent Pagny est amené à chanter « Celui qui a dit non » pour la première fois à l'occasion de l'anniversaire de l'appel du général de Gaulle aux Français, en 1940, depuis les studios de la BBC à Londres. Robert Hossein prend la suite et présente son futur spectacle écrit par Alain Decaux et Alain Peyrefitte.

Un CD single dans un superbe dépliant quatre volets est édité pour l'occasion. Interdit à la vente, c'est aujourd'hui une très belle pièce de collection. La chanson figurera ensuite sur *Panoramas*, l'intégrale de l'œuvre du chanteur parue en 2014.

La première a lieu le 1er octobre au Palais des Congrès. Florent Pagny doit chanter en entame du spectacle. Il est impressionné par le public présent dans la salle, qui, dans les premiers rangs, ne ressemble pas au sien. On y trouve des politiciens, des historiens, des hommes d'affaires puissants, à l'instar du producteur du spectacle, François Pinault, et du président de la République en personne, Jacques Chirac.

Le trac envahit Florent. Chanter une chanson sur le général de Gaulle devant un tel parterre et évoquer de surcroît un pan majeur de l'histoire de France le rend fébrile. Comment ne pas penser que si De Gaulle n'avait pas résisté, le destin de la France et des Français aurait été sensiblement différent ?… « Ce n'est pas seulement un nom sur un boulevard/ Ce n'est pas seulement un chapiteau d'histoire/ Ce n'est pas seulement un portrait dans les livres/ C'est bien plus beau que ça, pardon/ Quand tout le monde disait “oui”/ C’était quelqu’un qui disait “non”. »

La répétition s’est bien déroulée. Florent n’a pas eu besoin du prompteur, seulement quelques coups d’œil jetés ici et là pour se rassurer. Les premières notes se font entendre… et l’écran reste noir. C’est sans filet qu’il assure sa prestation avec brio ! Robert Hossein ne s’est pas trompé. Florent Pagny est bel et bien l’interprète idéal, et le compositeur parfait aussi. La musique empreinte de lyrisme épouse à merveille les mots de Labro et sert au cordeau la voix de Pagny.

« CHÂTELET LES HALLES »

CURE DE JOUVENCE

Station Châtelet-Les Halles, prendre la ligne qui renvoie sur les chemins de l'adolescence… L'auteur Lionel Florence réussit à sublimer la station la plus austère qui soit, porté par la musique d'un quasi débutant, Calogero, qui signe là sa première – et non des moindres – collaboration avec Florent Pagny.

Après Inca, en 1996, c'est Aël qui montre le bout de son nez, en 1999. Florent et Azucena trouvent une jolie demeure à Montfort-l'Amaury, dans les Yvelines, pour abriter leur famille quand ils sont en France. Un coin de campagne à moins d'une heure de Paris.

Comme à chacun de ses retours de Patagonie, Florent Pagny est en quête de nouvelles chansons. Fidèle au poste, Pascal Obispo vient lui faire écouter un titre à domicile. Celui-ci n'est pas de lui, mais d'un trio de jeunes musiciens – Calogero Bros – qu'il a pris dans son équipe d'écriture. Ce ne sont pas des inconnus du grand public ni de Florent Pagny : leur premier nom de baptême était Les

Charts. Composés de Francis (Francis Maggiulli), de Jacky (Gioacchino Maurici) et de Charly (Calogero Maurici), leader et chanteur du groupe, Les Charts ont connu le succès au début des années quatre-vingt-dix avec « Je m'envole » et « Aime-moi encore ». « Je me souvenais du groupe, avec qui j'avais fait une tournée gratuite, *Ricard Live*, quelques années auparavant. J'avais trouvé le groupe plutôt bien, même si je n'étais pas branché musique de jeunes. Moi, je venais de Luis Mariano, Brel, Le Forestier.[84] »

Pagny est conquis par la mélodie et surpris par la qualité de l'arrangement de la chanson. Il trouve la maquette déjà très aboutie, quasi professionnelle, et pressent que Calogero peut terminer le travail de la plus belle des manières s'il lui en donne les moyens. Et c'est ce qu'il fait. Un geste rare : le compositeur ne réalise quasiment jamais lui-même sa chanson. Il y a d'ordinaire un producteur qui s'occupe d'apporter à l'album une certaine couleur. Pagny impose Calogero en studio. Il n'engage pas seulement le compositeur, mais aussi le réalisateur.

C'est l'un des traits de la personnalité de Florent Pagny : il marche à l'instinct. S'il est séduit, il donne sa chance, et peu importe que la personne soit célèbre ou débutante. Dans le cas présent, il a imposé Calogero en studio, et il ne s'est pas trompé… Lors de l'émission « En aparté » sur Canal +, le 9 octobre 2023, Calogero montre qu'il n'a rien oublié : « Florent, c'est un peu comme un grand frère pour moi parce que c'est lui qui m'a fait confiance en premier pour réaliser cette chanson. Réaliser, c'est choisir le son de la batterie, choisir les musiciens, aller au bout du projet, faire chanter le chanteur… Non pas que Florent ait besoin d'être guidé, mais, en gros, le réalisateur est le responsable du

84. *Le Parisien*, 4 novembre 2013.

projet. Et puis, au moment où il fallait réaliser la chanson, je lui ai dit : “Mais qui va la réaliser ?” Et il m’a répondu : “En fait, ça va être toi.” »

Le texte interpelle également Florent. Le nom de l’auteur l’intrigue car la chanson raconte sa vie. « “Châtelet les Halles” correspond exactement à mes 18 ans et au moment où je me décide à vivre la nuit, donc je me suis réellement retrouvé et vraiment identifié dans cette chanson. J’ai retrouvé ma jeunesse.[85] »

Le nom du parolier ? Lionel Florence ! L’auteur commence à s’installer durablement dans la carrière de Florent Pagny. Pourtant, le chanteur n’a pas réellement d’auteurs attitrés. Il choisit d’abord la chanson et demande ensuite qui l’a écrite. Peu importe que l’auteur soit connu ou non, c’est la chanson qui prime. « Je ne pense pas que l’on écrive pour Pagny, souligne Lionel Florence. C’est lui qui va à la pêche aux chansons qui correspondent au moment de sa vie et qui peuvent être des tubes. Il fonctionne par instinct, à l’instant présent, selon son envie, son élan. Je ne pense pas non plus que l’on puisse écrire pour tout le monde. Un certain langage ou feeling, ou des choses qui s’imposent d’elles-mêmes, font qu’on correspond à certains artistes et non à d’autres. Il se reconnaît dans ce que j’écris, et je pense savoir ce qu’il a envie de dire, et la façon directe de le dire. Après, appelons ça magie, instinct, évidence ou simplement destin.[86] »

En écoutant « Châtelet les Halles », Florent fait un bond en arrière. Il se revoit au sortir de l’adolescence. Il est barman dans un club la nuit, rue de la Ferronnerie, et le jour il

---

85. RTL2, 30 novembre 2001.
86. *Florent Pagny, l’homme qui marche*, Valérie Alamo et Stéphane Deschamps, Éditions Hors Collection, 2018.

court les castings, tentant de devenir comédien. La station Châtelet-Les Halles lui est familière. Il a traîné ses guêtres plus souvent qu'à son tour dans la plus grande station souterraine du monde qui abrite trois lignes RER et offre une correspondance avec cinq lignes de métro ! Cette gare, monstre de béton qui semble vouloir engloutir tous les voyageurs qui la traversent, inspire à Lionel Florence un texte magnifique sur le désœuvrement de la jeunesse, sans jamais tomber dans les clichés. « Le samedi après-midi/ Prendre des souterrains/ Aller voir où ça vit/ De l'autre côté, ligne un. »

Calogero est admiratif des paroles de Lionel Florence. « "Châtelet les Halles", le nom d'une station de métro qui, a priori, ne peut intéresser grand monde. Ça, c'est la force de Lionel Florence. Il fait un parallèle entre la pauvreté et la misère, le fait de se battre pour s'en sortir. Du coup, le sujet concerne tout le monde, c'est cela qui a plu à Florent, la force du texte et l'ambiance de la musique inhabituelle pour lui, qui est assez hypnotique. Il n'avait pas trop l'habitude de chanter ce genre de mélodie.[87] » Pour Lionel Florence, « "Châtelet les Halles" est un cadeau de Calogero tant il a sublimé un texte urbain que j'estimais banal »[88] .

Reste le troisième – et non des moindres – élément pour parfaire la chanson : l'interprétation de l'artiste. La montée en puissance de la voix de Florent Pagny tout au long de la chanson, jusqu'à l'apothéose finale, donne des frissons. La chanson est sublimée sur scène, d'autant que lors de la tournée *55 Tour*, elle bénéficie d'une mise en scène époustouflante. Par le biais du *mapping*, la station Châtelet-Les Halles s'effondre tandis qu'apparaît une station balnéaire.

87. www.florentpagny.org

88. *Florent Pagny, l'homme qui marche*, Valérie Alamo et Stéphane Deschamps, Éditions Hors Collection, 2018.

Dans *La Tournée des 60 ans*, la chanson bénéficie d'un autre tableau tout aussi spectaculaire.

Ces fresques rappellent le clip de la chanson, qui a indéniablement contribué à son succès, par son originalité et l'image forte de l'artiste qui court pour échapper à la noyade, la mer qu'il a libérée envahissant la station. Séduit par cette idée de mer turquoise qui inonde le métro, Florent Pagny s'est laissé une nouvelle fois guider par son instinct en confiant la réalisation du clip aux Sp6men. Leur projet empli d'effets spéciaux a séduit Florent, qui leur a donné leur chance alors qu'ils débutaient et n'avaient encore rien réalisé de probant. « Lorsqu'un artiste a des images aussi fortes dans la tête, il faut le laisser s'exprimer. Et voir jusqu'où il peut aller », souligne le chanteur.

Pour l'anecdote, en janvier 2010, la chanson « Châtelet les Halles » se retrouve incluse dans *Ils chantent la France*, le douzième programme de la collection « Des clips pour apprendre », dont l'objectif est de promouvoir l'enseignement et l'apprentissage du français par la chanson contemporaine. Une opération émanant du ministère des Affaires étrangères et européennes.

« ET UN JOUR, UNE FEMME »

L'UNIQUE

Il était une fois un conte de fées moderne, un homme et une femme, Florent et Azucena Pagny, qui ne ressemblent à personne, nourris par un amour semblant venu d'ailleurs… Qui a dit que les temps modernes avaient englouti les couples mythiques ?

« "Et un jour, une femme", je la ferai mienne dès le premier passage. Celle-là, j'aurais pu l'écrire presque mot pour mot, à cela près que je ne sais pas vraiment écrire. Dieu merci, Lionel Florence existe », confie Florent Pagny dans son autobiographie.

Sur une musique signée Pascal Obispo, l'auteur livre avec « Et un jour, une femme » un texte très intime qui raconte la résurrection de Florent Pagny grâce à sa moitié, Azucena. La chanson met en lumière celle qui lui a permis de revenir de là où, d'ordinaire, on ne revient pas quand on est chanteur : une chute vertigineuse suivie d'une traversée du désert. « Jour après jour, vous redonne confiance/ De toute sa patience vous remet debout/ Trouver en soi un avenir peut-être/ Mais surtout l'envie d'être/ Ce qu'elle attend de vous. » « Cette chanson, c'est notre histoire, elle me touche, mais elle touche aussi toutes les femmes », confie Azucena aux caméras de TF1 dans le documentaire « Florent Pagny : un homme libre », en août 2023.

Avec une pudeur infinie, Lionel Florence réussit à faire en sorte qu'Azucena soit dans chacun de ses mots sans la nommer, donnant une universalité à l'histoire qu'il raconte. Huit ans après leur rencontre, grâce à « Et un jour, une femme », l'amour que se portent Florent et Azucena devient un tube !

Fin 1992, Florent Pagny est invité à une fête sur une péniche à quai dans un bras mort de la Seine, à Paris, du côté du bois de Boulogne. Soudain, le temps s'arrête. Elle est là. La jeune femme qu'il dessinait enfant, avec des cheveux noirs, longs et raides, vient de franchir la passerelle. « Grande, brune, élancée, sublime, sexy, sauvage », un bouquet d'adjectifs pour traduire le trouble qui envahit Florent en la regardant. Azucena Caamaño vient de ravir son cœur. Pour lui, aucun doute : « Elle correspond exactement à la femme idéale, celle que je dessinais quand j'étais petit : la brune avec du tempérament, le visage parfait, elle est encore plus belle à l'intérieur qu'elle l'est au-dehors.[89] »

Azucena est mannequin et peintre. Elle vient d'Argentine, ne maîtrise pas très bien le français et ne s'est pas rendue seule à la fête. Au fil des rencontres sur cette même péniche, Florent est si maladroit dans sa manière de tenter de la séduire que la jeune femme est touchée. Elle est surtout intriguée. Chaque fois qu'il quitte l'embarcation, les langues se délient. On la met en garde : Pagny est un *has been*, un chanteur fini ! Première nouvelle : elle ignorait qu'il était chanteur !

89. *Dépêche Mode*, mars 1998.

« Au début de notre relation, alors que nous sommes en voiture dans Paris, elle me glisse : “Pourquoi tout le monde dit que tu es fini, que tu es mort ?” C'est génial comme plan ! La nana arrive dans ta vie et elle t'envoie direct ces mots à la figure. Elle a toujours été directe et ça me plaît.[90] » Florent se gare alors place Victor Hugo et convient que, vu de l'extérieur, il ne paye plus de mine. Croisant le regard d'Azucena, il se penche vers elle et lui chuchote : « Si jamais tu restes avec moi, ils ne savent pas de quoi je suis capable. Peut-être que tu peux m'aider à remonter la pente, car moi, je sais de quoi je suis capable. Mais j'ai besoin de quelqu'un pour y arriver. Je ne fonctionne pas sans amour. Si d'un seul coup j'ai l'amour, on va les déchirer.[91] »

Azucena s'installe chez Florent. Il vit sur l'île Saint-Germain, en bordure de Seine, à Issy-les-Moulineaux, dans une petite maison de quarante mètres carrés sans chauffage, prêtée par son ami Philippe Starck. Azucena et Florent vivent plus de trois ans dans celle qu'ils ont rebaptisée « *La Casa del amor* ». Ils la quitteront à l'arrivée de leur fils Inca.

« Nous formons un couple karmique, une unité. Je me sens juste bien avec elle. J'ai eu la chance de vivre pas mal avant, elle aussi, et tous ces apprentissages nous ont permis de nous trouver. Et de construire quelque chose de solide. Bien sûr, il peut y avoir des regards qui traînent ailleurs, mais on se rend vite compte que ça ne sert à rien parce qu'on a tellement mieux chez soi. Avec les années, la complicité renforce encore la passion. Et puis nous n'avons jamais connu la routine.[92] » Florent et Azucena savent entretenir la flamme en s'offrant

90. *Florent Pagny, l'homme qui marche*, Valérie Alamo et Stéphane Deschamps, Éditions Hors Collection, 2018.
91. *Ibid.*
92. *Nous deux*, 7 novembre 2017.

une vie trépidante. Ils n'avaient rien lors de leur rencontre, sinon des dettes, et savourent désormais les plaisirs d'une vie plus aisée.

La chance de Florent Pagny est d'avoir rencontré Azucena quand il était « K.-O., descendu des plateaux de phono », comme dans la chanson d'Alain Souchon. Il sait que celui qu'elle aime, c'est Florent, avant l'artiste. « Elle m'oblige à être au top du matin au soir. Elle a son caractère. On s'embrouille comme tout le monde, mais on taille la route à deux. C'est ma meilleure conseillère, même si elle n'est pas "fan" de moi, elle m'apporte justement le recul nécessaire.[93] »

Le couple est bien plus qu'un couple de papier glacé qui pose parfois en couverture des magazines. Ce n'est pas tant sa longévité qui fait rêver le grand public que la manière dont, année après année, Florent et Azucena subliment cet amour, empli de sentiments profonds, de respect et de fidélité. « Le temps n'a pas de prise sur mes sentiments : je suis jaloux comme au premier jour, j'ai les mêmes sensations, les mêmes désirs. Je n'ai besoin que d'elle, et de rien d'autre.[94] »

De son côté, Azucena confirme ce sentiment face aux caméras du magazine « Sept à huit » sur TF1, le 19 novembre 2017 : « Je suis quelqu'un de très fidèle et lui aussi. En fait, on n'a pas besoin d'autre chose. On se complète assez bien tous les deux. Le secret, ça doit être l'amour. » Le secret, sans doute, de la sensation de plénitude que dégage le couple, cette solidité de ceux qui n'ont pas besoin en permanence de se rassurer sur leur pouvoir de séduction en se dispersant à mauvais escient.

Alors qu'autour d'eux les couples se défont, les Pagny font figure d'inséparables, ces oiseaux vivant dans le sud de

93. *Ibid.*
94. *Notre temps*, juillet 2015.

l'Afrique. Sans se départir chacun de sa personnalité, ils ont donné naissance à ce couple qui envoie du rêve à tous ceux qui le regardent évoluer. Il suffit d'observer à la dérobée Florent Pagny poser son regard sur son épouse avec la même émotion qu'aux premiers jours pour percevoir l'authenticité de ses sentiments.

Florent avoue avoir trouvé la plus rare des fleurs, une fleur de lys, signification d'*Azucena* en espagnol. Une fleur de lys qu'il s'est fait tatouer sur le torse, juste en haut du cœur, et dont il a déposé le modèle. Pour lui, elle est l'unique. « Et un jour, une femme dont le regard vous frôle/ Vous porte sur ses épaules/ Comme elle porte le monde/ Et jusqu'à bout de forces/ Recouvre de son écorce/ Vos plaies les plus profondes. »

Si « Et un jour, une femme » reste la plus poétique et la plus connue des chansons consacrées à Azucena, d'autres s'inspirent de la belle Argentine.

La première revient à Florent qui, peu de temps après leur rencontre, écrit « Le Blues » en pensant à sa dulcinée. « J'ai le manque de toi/ Je sais, c'est mieux quand ça fait ça/ Oui, j'ai le blues/ Le blues de toi/ Besoin de l'autre moitié de moi. » Comme un goût de premier baiser, Azucena éprouve une tendresse particulière pour cette chanson et adore entendre Florent la chanter.

Suivront « Une place pour moi » – signée Jean-Jacques Goldman, J. Kapler et Erick Benzi – (« Elle est ma monomanie/ Mon amante amie, ma mie/ Que même à demi-mot, je mendie ») ou encore « Mon amour oublie que je l'aime » de Jérôme Attal et Daran. L'écrivain saisit le tempérament volcanique et latin de madame Pagny en proie à la jalousie : « Quand je sens dans ses yeux/ Comme un départ de feu/ Mon amour oublie que je l'aime. »

Toujours Daran, mais avec la plume de Sandrine Kiberlain dans « Sur mesure » – « Elle est sur mesure/ Un jour, on s'est choisis/ On s'est juste regardés, c'est tout/ Elle durera la vie » – ou de Valérie Véga avec « Là où je t'emmènerai » : « Et tout au long de ta vie/ Que s'écartent les nuages/ Je serai là/ À chaque fois/ Que tu auras besoin de moi. »

Sur une musique de John Mamann, l'actrice et auteure Élodie Hesme signe « 8e merveille » : « Mais là où elle me désarçonne/ Là où je tombe à ses genoux/ C'est que plus rien ne l'impressionne/ À part nous. » Une magnifique chanson que chaque femme aimerait s'entendre chanter et qui méritait indéniablement d'être mise un peu plus dans la lumière.

Marie Bastide et Calogero écrivent la suite d'« Et un jour, une femme » avec la sublime « Vieillir avec toi » : « Moi, je veux vieillir avec toi/ C'est mon plus beau rêve ici-bas/ Oui, je veux vieillir contre toi/ C'est mon plus grand rêve ici-bas. »

Sans oublier « Encore », écrite en français et en espagnol par le monument cubain Raul Paz – « Encore tes yeux, encore ton souffle, encore ta main/ Encore nous deux, encore heureux, encore demain » – ou « Toi et moi » de Bruno Guglielmi et Calogero : « Et demain, toi et moi/ On sera tellement nous/ Les gens me diront "vous"/ Quand ils parleront de moi. » En quatre vers, l'auteur a pris la photographie instantanée du couple Pagny ! Azucena n'est pas seulement là pour faire joli sur la photo. Elle est depuis le début partie prenante dans la carrière de son mari. C'est ensemble qu'au sein de Cuadrada Productions ils prennent les décisions importantes pour sa carrière.

La chanson « Et un jour, une femme » est devenue incontournable et figure dans tous les concerts de l'artiste. « C'est peut-être ma préférée, car elle est liée à une personne importante », confie-t-il lors de sa prestation aux arènes de

Nîmes, le 30 juin 2023, en regardant son épouse qui se tient debout au pied de la scène. Il signe là son retour sur scène après un an et demi d'absence dû à sa lutte contre son cancer du poumon.

La maladie n'empêche pas Florent Pagny, qui semble inébranlable, de concrétiser des projets, à l'instar de l'album *2 bis*, sur lequel il reprend les grands titres de sa carrière en duo. Il choisit de partager « Et un jour, une femme » avec Christophe Maé. Tous deux en livrent une version magistrale par le mélange de leurs voix, mais aussi par la sincérité du propos. Florent Pagny s'épanche un peu plus sur le sujet dans *Télé 7 jours* à la mi-août 2023 : « Dès la première écoute, le duo a animé tout le monde autour de moi. Et c'était cohérent : Christophe est avec sa femme depuis vingt ans, et moi trente ans ! Donc, cette chanson, elle nous va bien. C'était un clin d'œil à notre histoire d'amour respective. »

« Y'A PAS UN HOMME QUI SOIT NÉ POUR ÇA »

FLORENT ELA, ET BIEN LÀ

Figurant parmi les treize titres de l'album *Châtelet les Halles*, paru en 2000, la chanson « Y'a pas un homme qui soit né pour ça » passe quelque peu inaperçue, écrasée par le succès d'« Et un jour, une femme » et de « Châtelet les Halles ». Elle revient sur le devant de la scène le temps de deux événements sociétaux marquants qui mettent en relief la puissance de ses paroles, écrites par Lionel Florence et Patrice Guirao sur une musique de Pascal Obispo.

Répondant à l'appel de Line Renaud et Pierre Bergé, fondateurs de l'association « Sidaction », Pascal Obispo réunit en 1998 plus de quarante artistes, dont Florent Pagny, sur la compilation *Ensemble*, composée de reprises et d'une chanson inédite écrite à l'origine pour France Gall, « Sa raison d'être », devenue depuis l'hymne du Sidaction.

Le clip, avec tous les participants au téléphone, marque les esprits et la vente du CD est un franc succès.

En 2000, Pascal Obispo réitère l'opération avec « Noël ensemble » et, en 2002, avec « Love United », titre inédit dans lequel il réussit à faire chanter les plus grands footballeurs de la planète.

En 2004, pour les dix ans du Sidaction, Pascal Obispo chapeaute la réalisation du coffret double album *10 ans ensemble* au profit de l'association. Il choisit pour titre phare de l'opus « Y'a pas un homme qui soit né pour ça », qu'il interprète accompagné de Florent Pagny et Calogero. « Quand ça arrive/ Quand on y est/ Alors on sait/ Y'a pas un homme qui soit né pour ça. » Signée Lionel Florence, Patrice Guirao et Pascal Obispo, la chanson est extraite de l'album *Châtelet les Halles* de Florent Pagny. Ainsi réenregistrée pour la bonne cause et interprétée en trio, la chanson se fait une seconde jeunesse.

En 2014, pour les vingt ans de l'association du Sidaction, place à l'album *Kiss & Love* et, en 2018, pour fêter les vingt ans de « Sa raison d'être », la chanson est réenregistrée avec de nouveaux interprètes. Un nouveau clip est tourné. Les smartphones remplacent les cabines téléphoniques, mais Florent Pagny est toujours fidèle au poste.

Dès l'entame de sa carrière, Pagny a répondu favorablement lorsqu'il s'agit de contribuer à la visibilité d'une bonne cause. Ainsi, dès 1989, il prête sa voix à la chanson « Pour toi Arménie », de Charles Aznavour, écrite en solidarité avec l'Arménie, qui avait subi un important tremblement de terre le 7 décembre 1988.

Le 8 mars 2022, le jour des 26 ans de son fils Inca, Florent Pagny, qui a commencé son protocole de traitement contre son cancer du poumon, répond présent pour le concert caritatif *Unis pour l'Ukraine*, retransmis en direct sur France 2. Il y apparaît le crâne rasé mais la voix assurée. Il reprend encore une fois « Y'a pas un homme qui soit né pour ça » en duo avec Pascal Obispo. Le texte prend alors une dimension nouvelle. Il n'y a pas un homme qui soit né pour partir à la guerre ou fuir son pays sous les bombes. Florent interprète également « Si une chanson », tirée de son album *Aime la vie*, sorti en 2019.

Le chanteur explique sa venue à Nagui et Leïla Kaddour qui animent l'émission. « Dès que le producteur m'a envoyé un message en me disant "Est-ce que tu serais en forme pour venir soutenir ce qui se passe et attirer un peu l'attention car on a besoin de dons ?", tu fais : "Ben oui, je serai là. Je peux encore chanter. Nous, on est un peu des messagers, on envoie des messages. Donc, à un certain moment, avec ce qui se passe, les messages, ce sont forcément des messages d'amour, des messages d'espoir et des messages de paix. Nous, c'est notre vocation, et on a cette mission-là. Et là, c'est encore plus important. »

Mais en matière d'action humanitaire, le nom de Florent Pagny est principalement rattaché à celui d'ELA, l'Association européenne contre les leucodystrophies, dont il fut le premier parrain avant d'être rejoint par Zinédine Zidane, qui a donné une visibilité mondiale à l'association.

Quelque temps après la naissance de sa fille Ael, le 26 mai 1999, Florent reçoit une lettre, ou plutôt plusieurs enveloppes avec la même écriture. Il ouvre les courriers et trouve le même mot à l'intérieur. C'est un appel à l'aide. Celui de Francine, la maman d'un petit Jérémy atteint de leucodystrophie, une maladie génétique rarissime anéantissant lentement le système nerveux. Il appelle la maman qui lui explique que l'association a besoin à la fois de se faire connaître et de fonds pour la recherche.

Florent devient ainsi le premier parrain d'honneur de l'association ELA. « En plus de donner des points de production de mon album *RéCréation*, cela m'intéressait encore davantage d'utiliser le support de ce disque pour diffuser la photo de Jérémy et raconter son histoire, expliquer ce qu'est une maladie orpheline, la leucodystrophie, et quel était le rôle d'ELA.[95] »

ELA a été fondée en 1992 par Guy Alba, papa d'un enfant malade. Les maladies orphelines n'intéressent pas la recherche. On explique aux parents que leurs enfants sont condamnés et qu'en plus il n'existe rien en matière d'information et d'accompagnement. Autre point primordial : il faut sans cesse de l'argent pour financer les recherches, qui sont désormais internationales. Il faut donner des moyens considérables aux chercheurs.

« C'est troublant de rencontrer des familles avec leurs enfants dont la santé décline d'année en année. Ça te remet la tête sur les épaules », confie Florent Pagny. « En 2001, on a eu la chance d'avoir un parrain attractif avec Zinédine Zidane. Tout d'un coup, tout le monde voulait avoir accès au champion du monde. Cela donnait une belle visibilité à l'association. Mais devenir parrain, c'est un engagement. C'est la moindre des choses de se rendre utile quand on nous demande de l'aide.[96] » Et que ce soit pour Florent ou Zinédine, l'engagement n'est pas feint. Ils siègent tous deux au conseil de surveillance d'ELA chaque année et organisent diverses manifestations pour recueillir des fonds.

Le 1er septembre 2023, TF1 diffuse le concert *Avec Florent, tout le monde ELA*, enregistré à La Seine musicale le 20 juin 2023 au profit d'ELA. Sur le principe de son album *2 bis*,

95. www.ela-asso.com
96. *Ibid.*

Pagny invite ses amis chanteurs et chanteuses à venir partager un duo, revisitant son exceptionnelle carrière pour la bonne cause. « La mobilisation est payante puisque la recherche porte ses fruits, même si l'attente paraît insupportable, et elle l'est aux parents. Mon rêve serait un jour de faire une émission, de remercier tout le monde et d'expliquer qu'on a trouvé les remèdes pour soigner les enfants.[97] »

97. *Ibid.*

« MA LIBERTÉ DE PENSER »

PAGNY RÈGLE SES COMPTES

Les personnalités en disgrâce avec l'administration fiscale ne sont pas des exceptions. Mais un chanteur qui tient tête au Trésor public, qui gagne son procès et raconte ses déboires dans une chanson qui devient son plus gros tube, il n'y en a qu'un : Florent Pagny et sa liberté de penser…

Après l'épisode « Presse qui roule », les disques de Florent Pagny se vendent beaucoup moins bien. Les rentrées d'argent se font rares et le Trésor public ne tarde pas à se rappeler à son bon souvenir. Mais Pagny n'a pas de quoi payer ses impôts. Il est redevenu pauvre alors que le montant de ses impôts est calculé sur les revenus de l'année précédente, des revenus de riche ! Il fait l'objet d'une saisie et doit rembourser les crédits en cours, qui sont nombreux et élevés. Sa dette prend l'allure d'un gouffre.

Florent Pagny a besoin d'un prêt et sait que les banques vont lui répondre défavorablement. Il s'adresse alors directement à sa maison de disques. Artistiquement, il est en train de remonter la pente. Universal lui prête donc un million et demi de francs, avec intérêts. C'est alors que l'administration fiscale s'emballe et considère ce prêt comme une prime déguisée. Un prêt n'est pas imposable mais se rembourse avec des intérêts, alors qu'une prime est imposable et ne se rembourse pas. De bonne foi, Florent Pagny explique qu'il est déjà en train de rembourser sa maison de disques. En aucun cas il n'a reçu une prime déguisée qu'il aurait soustraite aux impôts. Mais les agents du Trésor public ne vérifient pas les dires du chanteur et suivent leur intime conviction : il y a fraude fiscale ! Pagny ne se laisse pas faire. L'injustice est flagrante et le révolte. Il est renvoyé une nouvelle fois à ses origines sociales. Lui, le gamin pauvre, n'a pas le droit de devenir riche, même grâce aux fruits de son labeur. « Je veux payer mes impôts, je n'ai jamais dit le contraire. Je ne veux juste pas payer ce qu'on me demande. À un moment, tu peux ne pas être d'accord. Moi, je gagne de l'argent, je paie mes impôts. Mais quand on vient te contrôler et que tu as bien travaillé, que tu n'as pas fait d'erreur et qu'on essaie d'un seul coup de te redresser injustement, tu réagis. [...] N'étant pas d'accord et les connaissant un petit peu, je sais la force qu'ils peuvent avoir, j'ai agi comme je le sentais : j'ai déclaré mes impôts, j'ai fait les choses très clairement, j'ai juste dit : "Tant qu'on ne sera pas d'accord, je ne vous paie pas." [...] En 1998, ils ont voulu me prendre douze millions de francs, et là ce n'est plus que six, mais même six, oubliez ! Vous vous êtes trompés, admettez votre erreur... Ça fait cinq ans qu'ils me mettent le bordel dans ma vie, alors que j'étais bien, j'avais bien travaillé »[98] .

Comme il est interdit de se faire justice soi-même, des huissiers sont envoyés à Montfort-l'Amaury, dans la maison

98. « On ne peut pas plaire à tout le monde », France 3, 2003.

des Pagny, pour effectuer une saisie. « Ils sont rentrés chez moi, ils ont pris mes meubles pour les vendre. J'ai appelé Pascal Obispo parce que je savais où était la vente. Je lui ai demandé d'aller les racheter, de me rendre ce service.[99] » Pascal Obispo se souvient : « La mère de Florent me téléphone affolée pour me dire que des scellés ont été posés sur leur maison et qu'il faut que j'aide Florent. Quasi simultanément, Florent m'appelle de Patagonie, je savais ce qu'il allait me dire. Je lui rachète, je lui fais un gros chèque, de beaucoup, j'en suis fier.[100] »

Les deux artistes s'amusent aujourd'hui en racontant cette facétie. « J'ai vécu dans les meubles à Obispo », raconte Pagny, ce à quoi Obispo ajoute : « Je les lui ai loués pour la somme d'un euro symbolique, comme la loi le permet ! »

Florent Pagny et Pascal Nègre, qui représente Universal et a octroyé le prêt, sont convoqués à Versailles à la brigade financière où ils passent une journée en garde à vue. On les interroge séparément afin de vérifier qu'ils racontent la même histoire. Pagny et Nègre sont libérés. Leur version tient la route. L'administration fiscale l'admet : « Tout est clair, on a compris, c'est un vrai prêt. » La brigade financière rédige son rapport en ce sens au ministère des Finances.

C'était sans compter sur l'esprit potache de Pascal Obispo et Lionel Florence ! Florent Pagny se souvient : « Pascal Obispo était tellement sidéré de ce qu'il s'est passé lors de la vente de mon mobilier qu'il a appelé Lionel Florence et lui a raconté toute l'histoire. Lionel a écrit ces paroles qui donnaient justement assez de recul, d'ironie, à une situation qui n'était pas drôle.[101] » Facétieux, Florent impose à Lionel

99. « Tout et son contraire », France Info, 25 août 2014.
100. *Gala*, 23 juin 2018.
101. « Tout et son contraire », France Info, 25 août 2014.

Florence d'inclure dans le texte de « Ma liberté de penser » l'image des oranges et du pyjama rayé – « J'prends juste mon pyjama rayé/ J'vous fais cadeau des oranges » – car le chanteur n'a pas digéré qu'on le menace de prison. « Tout le monde s'est retrouvé dans la chanson. La machine à broyer frappe n'importe qui. Chacun de nous peut se retrouver un jour devant une décision arbitraire. Tu te sens impuissant et énervé. Tu montes dans les tours, à faire de l'herpès. Et finalement, tu te dis : "Mais vous pouvez tout me prendre, ce n'est pas grave, on va vivre sans tout ça !"[102] » La musique, signée Obispo, est, elle, un hommage à Manu Chao, dont Florent admire la façon de vivre.

Pagny fait entendre « Ma liberté de penser » à Pascal Nègre. Sa réaction est contrastée. La chanson peut se transformer en une bombe à retardement. Il craint que le Trésor public n'apprécie pas. Mais Florent persiste. La chanson cartonne et passe sur toutes les radios.

La réaction de l'administration fiscale est immédiate. Le chanteur reçoit un coup de fil de l'inspecteur des impôts qui lui ordonne de cesser *manu militari* la diffusion de la chanson. Pagny n'obtempère pas et la sanction ne se fait pas attendre : le dossier Pagny est envoyé sur le bureau du juge. Dans la foulée, le ministère annonce qu'il est mis en examen pour fraude fiscale. Dans l'opinion publique, il devient celui qui ne paie pas ses impôts. L'étiquette aura bien du mal à se décoller. En ce sens, l'administration fiscale a gagné, alors que Florent Pagny et Pascal Nègre ont été disculpés dans cette affaire.

Ces quatre ans de procédure ont laissé des traces. Florent ne pardonnera jamais au contrôleur des impôts d'avoir effrayé

102. DVD *Été 2003 à l'Olympia*, 2003.

ses parents en leur disant que leur maison allait être saisie. Si celle-ci était à leur nom, c'est leur fils qui l'avait achetée, de même que celle de son frère Frédéric. Ses parents ont vendu dans l'urgence la seule maison de famille que les Pagny aient possédée. Un beau gâchis, d'autant que Florent était dans son bon droit. Autre regret : sa prestigieuse collection de voitures anciennes, qu'il considérait comme des œuvres d'art et dont il dut se séparer lors de son conflit avec les impôts.

Pagny ne décolère pas davantage envers les médias. Pas une ligne sur sa relaxe alors qu'ils avaient fait leurs choux gras de cette affaire. Seul *Ici Paris* a publié le jugement dans ses pages. « À la suite des deux jugements, on a prouvé que j'avais payé mes impôts, que c'était le Trésor public qui se trompait et qui essayait d'en prendre plus que ce qu'il devait me prendre. Si les médias avaient fait leur boulot, ils auraient dû tous proclamer mon innocence. En expliquant que, pour une fois, un artiste avait prouvé sa bonne foi face à une machine qui broie tout le monde en général. Personne n'en a trop parlé, parce qu'en plus on ne veut pas se mettre le Trésor public à dos [...]. Donc, à force de reprocher aux autres de se battre et de se défendre, on finit par devenir des lâches, et on se cache. Tout le monde a bien gueulé, et on m'en a mis bien comme il fallait »[103] .

Florent a l'occasion de sortir de ses gonds une nouvelle fois. L'insulte de Guy Carlier dans le magazine *Entrevue* ne passe pas ! Le chroniqueur de l'émission « On ne peut pas plaire à tout le monde » a déclaré : « Il faut vraiment être un enculé comme Florent Pagny pour ne pas payer ses impôts ! » Le chanteur déboule sur le plateau de l'émission animée par Marc-Olivier Fogiel et prend Carlier à partie : « Je ne peux pas laisser écrire dans un journal que je suis un enculé et tu ne peux pas dire que je ne paie pas mes impôts,

---

103. France Bleu, décembre 2008.

car je suis venu dernièrement expliquer clairement tout ça dans cette émission. Tu sais bien que, dans le cas contraire, je ne pourrais pas travailler en France. » Et contre toute attente, il quitte le plateau sur une pirouette en claquant une bise à Guy Carlier… Florent apprendra plus tard que sa mère avait demandé à des membres du fan club de se glisser dans le public pour le défendre s'il était pris à partie.

Des attaques, Pagny en fait souvent l'objet, notamment de la part des Guignols de Canal + avec leur réplique devenue culte : « Ma liberté de penser… à rien ! » Ils ne l'épargnent pas non plus lors de l'affaire du Portugal, en septembre 2017. Sur l'air de « Si tu veux m'essayer », sa marionnette chante : « Si tu veux épargner/ File au Portugal/ Si tu veux échapper/ À ton contrôle fiscal. »

Florent Pagny est trop bavard, c'est son épouse qui le dit. Et une fois encore, il tend le bâton pour se faire battre. Il raconte qu'il part s'installer au Portugal pour payer moins d'impôts. C'est le tollé ! Tous les médias en parlent, et même le ministre de l'Économie de l'époque, Bruno Lemaire, s'en mêle. Le chanteur est obligé de venir s'expliquer sur le plateau de « Quotidien », sur TMC, le 27 septembre 2017. « Je ne me suis jamais trouvé une année sans payer d'impôts en France, c'est soixante-dix pour cent de mes revenus. Je fais des chèques de trois cent mille, cinq cent mille ou d'un million d'euros selon les années. Tant mieux. Cela veut dire que je gagne de l'argent, que j'ai de belles opérations car je sais valoriser ce que je suis. Je négocie moi-même mes contrats avec ma maison de disques. Le Portugal, cela ne concerne que les trente pour cent restants de mes revenus, pas d'impôts sur l'héritage, sur la succession et, pendant dix ans, pas d'impôts sur les royalties. Et tu découvres un pays sublime avec des gens adorables, une qualité de vie hors norme et une alimentation de première classe. Alors, qui peut m'empêcher de vivre ça ? » Toujours dans son envie de piquer au vif le Trésor public, Florent Pagny a remis la machine en route. Un nouvel épisode de « Pagny et l'administration fiscale », qui ne donne pas lieu à une chanson, cette fois.

Quant à « Ma liberté de penser », elle reste le plus grand succès de Florent Pagny, sa chanson qui génère le plus de droits et qui, par ricochet, rapporte le plus d'argent… au Trésor public !

« IO LE CANTO PER TE »

EFFACER LES FRONTIÈRES

Florent Pagny excelle dans l'art du contrepied. Après l'énorme succès d'*Ailleurs land*, porté par « Ma liberté de penser », il s'offre une parenthèse enchantée en revenant à ses premières amours : le chant lyrique !

« Je commence à me faire vieux. Pour arriver à chanter encore ce répertoire, il faut avoir une voix en forme. La voix est un muscle. Je me rends compte que dans quelques années je ne pourrai sûrement plus attraper certaines notes et chanter avec autant de clarté. Avant de ne plus pouvoir le faire, j'ai eu envie de m'embarquer sur tout un album qui rappelait un peu l'expérience "Caruso"[104] . » Pour concrétiser ce projet, il s'appuie sur le talent d'Yvan Cassar. Les deux artistes ont déjà collaboré, en 2003, sur l'aventure *Night of the Proms*, dont le principe est de réunir divers artistes dans un spectacle alliant pop et musique classique.

---

104. *Florent Pagny, l'homme qui marche*, Valérie Alamo et Stéphane Deschamps, Éditions Hors Collection, 2018.

Pour ce nouvel album, *Baryton*, Pagny se montre ambitieux. Il choisit de reprendre des airs lyriques, anciens ou originaux, accompagné par le Philharmonique de Londres. « Pour décrocher le Philharmonique de Londres, il faut avoir un mec qui sache le diriger, et Yvan Cassar est vraiment capable de diriger cet orchestre de soixante-dix cordes et les soixante choristes des London Metro Voices. Meilleur orchestre du monde, et meilleur studio du monde pour ce registre-là : Abbey Road. Tous ces facteurs réunis font qu'à un moment le destin te fait un cadeau, et j'adore avoir de la chance à ce point-là.[105] »

Reste à être à la hauteur question organe vocal. Florent prend des cours de chant. « Là, tu ne peux pas tricher. Dans la pop, il y a l'électricité autour, le son. Tu peux y aller parfois à l'arrache. Ici, il faut que la voix soit là.[106] »

Au moment des prises de voix, justement, Pagny et Cassar font des séances de quinze heures par jour, pendant plusieurs semaines, afin d'apprendre à oublier la technique pour laisser passer l'émotion. « Une chanson de variétés, ça prend deux heures pour la mettre sur une bande. Pour ces chansons, il faut deux jours d'enregistrement. C'est un autre travail, un autre challenge. Cela m'a fait du bien de retourner un peu à l'école, de travailler, de chauffer la voix et d'en connaître ses limites. J'ai appris que je ne pouvais pas chanter ainsi trop longtemps, qu'il faut reposer ma voix pour qu'elle ne blanchisse pas, et, en même temps, il fallait que je chante pour qu'elle soit toujours en forme. Muscler sa voix sans la fatiguer, c'est une autre rigueur, c'est un travail de technique. Il m'a fallu réapprendre à bien placer ma voix et à chanter comme un chanteur classique. Ce qui me plaît

105. DVD *Baryton*, 2005.
106. *Le Parisien*, 7 juillet 2015.

vraiment, c'est le côté physique et ce que cela provoque : à un moment, ça me traverse le corps et ça me dresse les poils sur les bras. Depuis tout petit, c'est ce qui m'attire dans cette musique.[107] »

À l'origine, l'album *Baryton* ne devait contenir que des reprises, notamment de Puccini, de Verdi, mais Pascal Obispo assure pouvoir écrire des chansons inédites dans le même style. « Finalement, il n'a pas eu le temps, et Calogero et Daran s'y sont attelés, avec "Io le canto per te" et "Silenzio e pace". Les textes ont été écrits par mon beau-frère, Giuseppe Giunta, le mari de ma sœur Marie-Pascale. Il s'est plutôt bien démerdé.[108] »

« Io le canto per te » – « Je le chante pour toi », en français – est le premier extrait de l'album. Pagny a retenu la leçon de « Caruso » et demande à son beau-frère non seulement de lui traduire les paroles pour mettre plus d'intensité dans son interprétation, mais aussi de lui apprendre la prononciation et les accents de la langue italienne. « Calogero a trouvé la couleur que je demandais. C'était classique, lyrique, mais il ramenait quelque chose qui est plus proche de la variété. Il arrivait avec une méthode mélodique tubesque. On entendait quatre mesures et, au bout de quatre mesures, tu pouvais partir en sifflotant la mélodie, comme pour "Caruso". La chanson dure cinq minutes vingt, et pourtant tu ne t'ennuies pas, elle te fait tellement voyager que tu ne vois pas le temps passer.[109] »

Côté paroles, « Io le canto per te » raconte l'histoire d'un amoureux qui, séparé de sa belle, lui chante sa plus belle

---

107. *Florent Pagny, l'homme qui marche*, Valérie Alamo et Stéphane Deschamps, Éditions Hors Collection, 2018.

108. *Le Parisien*, 8 novembre 2004.

109. *Florent Pagny, l'homme qui marche*, Valérie Alamo et Stéphane Deschamps, Éditions Hors Collection, 2018.

chanson. « Mes chansons les plus belles/ Sont encore et toujours celles/ Qui racontent/ Mon amour pour toi. »

Cet album *Baryton*, Florent Pagny le dédicace à trois femmes qui l'ont forgé, enfant et adolescent. « Je dédie cet album à ma mère, qui m'a transmis le goût de la musique classique et la voix qui va avec, à Inès Gaétan, qui fut ma professeure de chant, et à toi, ma chère grand-mère, qui me demande toujours "Quand est-ce que tu vas chanter avec ta vraie voix ?" Pour tes 90 ans, ça y est, c'est fait. »

Avec sa voix couvrant six octaves, le destin de Florent Pagny était de devenir chanteur lyrique. Il s'est installé à Paris à l'âge de 15 ans pour intégrer le conservatoire de Levallois-Perret et se perfectionner en tant que baryton Martin sous la houlette de sa professeure Inès Gaétan. L'élève est si performant que celle-ci prend Florent sous son aile avec la ferme intention de lui faire passer le concours national. Mais le jeune homme préfère se perdre dans les nuits parisiennes et tenter sa chance au cinéma et dans la chanson.

Baryton est un hommage à cette période-là de sa vie. La sortie de l'album suscite quelques critiques chez les puristes, pour lesquels l'opéra est chasse gardée. L'artiste leur répond dans *Paris Match*, en novembre 2004 : « Ce n'est pas un disque pour les puristes du classique. Une seule critique pourrait me toucher, que l'on dise que j'ai mal chanté. Je suis assez lucide pour savoir que, justement, j'ai bien chanté. J'ai toujours eu envie de montrer que j'ai un truc que les autres n'ont pas : une voix. Cela dit, je trouve légitime que les gens du classique n'aiment pas le projet. J'ai fait ça plutôt pour le public de variétés. » Par l'éclectisme de son répertoire, Florent Pagny sert souvent de passerelle, d'un monde à l'autre. Avec *Baryton*, vendu à plus de sept cent mille exemplaires, il permet à un public de novices de se familiariser avec l'opéra.

Du 15 au 19 juillet 2005, Florent Pagny investit la scène du Palais des Congrès, à Paris, pour donner vie au disque sur scène. Il est accompagné d'une partie du Paris Symphonic Orchestra dirigé par Yvan Cassar, tandis que, pour la tournée en province, il choisit l'Orchestre philharmonique de Prague.

La soprano colorature Patricia Petibon, qui se moque bien des frontières entre la variété et le lyrique, vient le rejoindre sur scène pour interpréter « Guide Me Home », ressuscitant ainsi le duo de Freddie Mercury et Montserrat Caballé. Florent Pagny, lui, remplit les salles grâce au bouche à oreille, les médias ne l'ayant pas suivi sur *Baryton,* contrairement à son public…

« LÀ OÙ JE T'EMMÈNERAI »

LA DEMANDE

La destinée des chansons est parfois curieuse. D'abord mise au rebut, « Là où je t'emmènerai » gagne sa place de favorite en permettant à Florent Pagny de faire une demande en mariage des plus inattendues, le jour de la Saint-Valentin !

Il est loin, le temps où Florent Pagny était à la recherche d'auteurs-compositeurs. Désormais, à chaque nouvel album qu'il prépare, la première étape consiste à choisir les chansons qui vont le mieux habiller sa voix. « Quand le bruit court que je prépare un album, je reçois de deux à trois cents chansons en six mois. J'écoute tout en pratiquant mon sport le matin, ce qui me permet de bien vivre ce qui serait normalement une corvée. Si, à la première écoute, j'entends quelque chose qui m'intéresse, je mets de côté. Après ce stade, je me retrouve avec une quarantaine de morceaux. Et là, en choisissant différentes couleurs, le tableau se fabrique petit à petit. C'est un travail de laboratoire. Cette fois-ci, pour l'album *Abracadabra,* j'ai choisi les chansons pendant la tournée *Baryton*, qui m'obligeait à une certaine discipline vocale dont je ne pouvais pas sortir au risque de mettre en danger mes deux heures de scène quotidiennes. J'ai vécu pendant quelques mois avec cette frustration de ne pas savoir si les chansons que je choisissais étaient les bonnes, vu que je n'essayais même pas de les chanter.[110] »

Une fois n'est pas coutume, Florent Pagny a failli passer à côté d'une bonne chanson. « Là où je t'emmènerai » est recalée dès la première écoute. Florent trouve la chanson très jolie mais pas pour lui. Elle est à son goût trop différente des chansons qui figurent à son répertoire. Il sort d'un album lyrique et ce titre est à l'opposé. Mais Bertrand Lamblot, son directeur artistique, n'est pas de cet avis et lui conseille de mieux l'écouter. Il revient à la charge à plusieurs reprises, avant que Florent ne décide d'apprivoiser la chanson.

« C'est là que je t'emmènerai/ Sur la route/ Et si le soleil le savait/ Mais j'en doute/ Il viendrait. » La poésie de Valérie Véga et la mélodie de Daran poussent Florent à chanter différemment. La douceur de sa voix est une invitation au voyage. L'auditeur, comme en apesanteur, lâche prise et se laisse envahir par un sentiment de bien-être.

En entendant la chanson à la radio, Françoise Hardy se fend d'une jolie missive à Florent Pagny. Elle lui confie qu'elle était avec son ami Alain Souchon quand ils ont été happés par la chanson, lui trouvant un charme singulier. La chanteuse lui fait part de leur grande surprise, à elle et à Souchon, quand l'animateur, en désannonçant la chanson, a prononcé le nom de Florent Pagny. Ni l'un ni l'autre n'avaient reconnu sa voix, et elle tenait à le féliciter pour son interprétation si réussie. Une attention qui a touché le chanteur. Dans ce métier, il est rare de prendre le temps

110. *La Libre*, 24 avril 2006.

d'écrire une lettre à un autre artiste pour lui dire qu'on aime ce qu'il fait. Même si cette missive sous-entend que, lorsque Pagny fait du Pagny, Françoise Hardy et Alain Souchon n'apprécient pas…

Le clip confirme le sentiment d'évasion insufflé par la chanson. Parmi les couples qui jouent les amoureux, Florent et Azucena, que l'on imagine sur leurs terres patagoniennes ! On y voit le chanteur glisser la bague au doigt d'Azucena… deux mois avant leur union dans la vraie vie.

La chanson « Là où je t'emmènerai » sort le 14 février 2006, jour de la Saint-Valentin. Florent Pagny passe une partie de la journée des amoureux à assurer la promo de son nouveau titre. La question inévitable finit par tomber : « "Florent, qu'allez-vous offrir à votre femme pour la Saint-Valentin ?" Et là, je m'entends répondre : "Eh bien, peut-être que je vais la demander en mariage" », raconte Florent dans son autobiographie. « Là où je l'emmènerai, c'est à l'autel ! »

On a connu des demandes en mariage télévisées moins heureuses, comme celle de Raymond Domenech en 2010. *A contrario* d'Estelle Denis, en entendant cette belle déclaration, Azucena éclate de rire et comprend qu'une fois encore, son amoureux a parlé sans filtre aux médias. Sa réponse est oui…

La chanson « Là où je t'emmènerai » se classe numéro quatre au Top 50. En 2011, elle connaît un second souffle en devenant le générique d'un programme court, « Là où je t'emmènerai », diffusé les samedis et dimanches à 19 h 50 sur TF1 et sponsorisé par EDF Suez. Cette pastille touristique d'une minute trente met en avant une personnalité qui invite les téléspectateurs à découvrir l'endroit où elle rêverait d'emmener un être cher ou bien leur endroit de rêve. Florent Pagny n'a jamais fait partie des invités. Sa réponse était trop évidente, sans doute ! « C'est au bout du regard/ Là où les bateaux quittent la mer/ Là où l'horizon est tellement plus clair… »

« LE MUR »

MORT AUX CONS !

Plaire à la fois au grand public et aux critiques branchées, tel est le fantasme qui sommeille en chaque artiste. Avec l'album *Abracadabra,* Florent Pagny croit avoir trouvé la formule magique pour y parvenir. Avec Daran à la réalisation, il livre un opus résolument rock avec, en ouverture, un titre qui décoiffe : « Le Mur ».

« J'ai toujours ça au fond de moi, je m'emballe un peu moins, mais j'ai encore ma grande gueule et il ne faut pas me chercher. Quand on essaie de me faire mettre cette chanson au fond du disque, je réponds : “Ne me cassez pas les couilles, c'est le début de l'album, point.”[111] » Un avis que partage Ludovic Perrin, qui, en avril 2006, écrit dans *Libération* : « On l'avait quitté en Poujade daubant sur le fisc. Après la parenthèse *Baryton*, il nous revient beaucoup plus fréquentable [...] Dès le titre d'entrée, Florent Pagny marque la différence. “Le Mur”, avec sa décharge de bois vert contre les cons, la pollution et le prime-time, est pourtant du Pagny pur jus. Ce qui a changé :

111. *Le Parisien*, 18 avril 2006.

le chanteur est passé du sarcasme au rire. La première pierre est pour lui. Rire de soi plutôt que des autres »...

« Je sais bien qu'on est tous plus ou moins/ L'abruti certifié de quelqu'un/ Mais quand même quand les cons sont loin/ Ça devient plus facile d'aimer son prochain. »

Après la ballade poétique « Là où je t'emmènerai », sortie en premier extrait, « Le Mur » est choisie pour lui succéder. Mais silence radio : le titre n'est diffusé nulle part ! « Cela ne m'étonne pas qu'elle déplaise aux médias. Ils ont l'impression de réentendre "Presse qui roule".[112] »

Même si les paroles signées Pierre-Yves Lebert sont moins primaires que celles de « Presse qui roule », la chanson attaque frontalement les médias, incitant le peuple à ne plus écouter la radio et à ne pas allumer la télévision. Mieux encore : à se protéger de leur mauvaise influence, en construisant un mur « anti-cons » ! « J'ai planté ma cabane/ Au carrefour des autoroutes de l'information/ Moi qui ai toujours été un âne/ J'ai pensé que pour ma culture ce serait bon. » L'autodérision du clip, où Pagny se prend lui-même le mur en question, ne change pas la donne. Le titre est boudé.

Reste la meilleure définition de la chanson. Elle est signée du designer Philippe Starck, ami et maître à penser de Florent : « D'abord, Florent Pagny, c'est affectif. Je l'aime d'amour et, de temps en temps, il nous en sort une sublime. Et le mur du son qui est en fait le mur du con, c'est quelque chose d'extraordinairement primitif. C'est un cri très, très primitif, dans le genre "Je n'en ai rien à foutre, je trouve qu'il y a trop de cons autour de nous", et il le dit d'une façon extrêmement drôle. C'est vraiment hilarant. Je le répète, on voit une fois de plus qu'il ne s'agit pas de choses admirables en termes de musique ni en termes de paroles, sauf que ça a le

112. *Ibid.*

bonheur d'exister. Et c'est vrai que, quand j'ai fini mon travail, j'enlève mon casque, et pour bien dire à la maisonnée que j'ai arrêté de travailler, je passe "Le Mur" très, très fort, et là, tout le monde sait que je ne suis plus en train de travailler.[113] »

En 2010, Florent Pagny creuse le sillon de l'autodérision avec « Si tu n'aimes pas Florent Pagny », signée Vincent Baguian pour les paroles et Calogero pour la musique. Cette chanson est le premier single de l'album *Tout et son contraire*. « Si tu n'aimes pas Florent Pagny/ Je peux comprendre/ Car moi-même/ Je t'avoue, parfois, j'ai envie/ De me filer des beignes », tel est le slogan qui s'affiche sur les panneaux publicitaires dans les plus grandes villes de France, ainsi qu'au cul des bus parisiens.

Pagny passe ainsi en revue ce que les autres peuvent lui reprocher : « Oui, je suis dans mon état normal/ Non, j'ai pas honte de mon look/ C'est du gel, j'ai même pas les cheveux sales », ou encore « Oui, j'en veux toujours davantage/ Non, je n'sais pas chanter moins fort ».

Cette chanson n'est pas la préférée des fans du chanteur, qui n'apprécient pas que l'on émette des réserves sur celui qu'ils appellent « Florent », « le Chef » ou « le Patron ». Pagny a lui-même hésité avant de l'inclure à son répertoire. « Quand la chanson m'a été proposée une première fois, elle ne m'a pas tant fait rire que ça. Ce qui me gênait, c'est que quelqu'un l'avait écrite, donc l'avait pensée. La chanson pouvait alors me vexer un petit peu. Cinq ans après, j'étais prêt. Je suis comme tout le monde. Je peux avoir de très bons côtés comme je peux être vraiment une tête de con. L'assumer dans une chanson, cela ne me dérangeait plus, et le crier haut et fort, ça m'allait bien.[114] »

---

113. « Remède à la mélancolie », France Inter, 19 avril 2015.
114. *Florent Pagny, la voix nue*, France 3, 27 avril 2018.

Sous son air enjoué et son deuxième degré, la chanson laisse aussi entrevoir certaines fêlures chez le chanteur. L'artiste s'en veut quelquefois de laisser parler son naturel dans les médias, de trop en dire, au risque que cela se retourne contre lui. Il se reproche parfois d'être son meilleur ennemi. « Mais je traîne derrière moi quelques casseroles que je déteste/ En acceptant que ce fardeau fasse aussi partie du reste. »

Plus profonde aussi qu'il n'y paraît à la première écoute, « Condoléances », signée Lionel Florence et Calogero, figurant sur l'album *Vieillir avec toi*, paru en 2013. Le chanteur règle ses comptes avec son passé pour en faire table rase en faisant son *mea culpa* : « À toutes mes erreurs et bras d'honneur/ Dont je reconnais le manque d'élégance/ Le passé est bien là où il doit être/ Et le paraître voué à disparaître/ Avec toutes mes condoléances. » Pagny parvient à se libérer de sa chimère baudelairienne pour entrer plus léger dans le présent. « Le passé est bien là où il doit être/ Il peut même d'un trait, d'une croix, disparaître/ Avec toutes mes condoléances/ Sans remords/ Sans regrets/ Sans remords/ Sans regrets/ Jamais. »

« DES LARMES DE SANG »

RENCONTRE DÉTONANTE

En France, leur rencontre serait comparée à celle de la carpe et du lapin ; aux États-Unis, à celle de deux talents. Quand Big Ali invite Florent Pagny en *feat* sur son premier album, *Louder* (« Plus fort »), les frontières entre le rap et la variété s'amenuisent pour laisser place à un duo fracassant.

Les *a priori* sont un mal bien français. Heureusement, Big Ali et Florent Pagny se rencontrent en Suisse lors d'une émission de télévision. Les deux artistes sympathisent. La soirée porte ses fruits : le DJ et rappeur new-yorkais, originaire du Queens, invite Pagny à partager un duo sur « Des larmes de sang », l'une des seize chansons de l'album.

Florent enregistre sa voix à Miami. Sa partie est en français, celle de Big Ali en anglais. La voix opératique de Pagny mêlée à celle, plus grave, du rappeur donne un son époustouflant. Un vrai morceau de bravoure entre deux interprètes exceptionnels.

Le thème du texte ajoute une intensité supplémentaire à leur interprétation. « Des larmes de sang » raconte l'histoire d'une mère qui apprend que son fils de 12 ans vient de se faire assassiner dans la rue. L'écriture est directe. Aucune figure de style pour retranscrire un drame de la rue. « Quelques lignes de plus/ Dans les pages des faits divers/ Elle pleure son enfant/ Des larmes de sang/ On ne meurt pas quand on a douze ans. »

La chanson raconte le drame des mères isolées qui ne parviennent plus à protéger leurs enfants des griffes de la rue et de la délinquance. « Il lui avait juré/ Qu'il avait laissé tomber/ Mais quand on est un homme/ On ne va plus à l'école. »

« Des larmes de sang » témoigne de l'extrême violence dont sont victimes les enfants de plus en plus jeunes, enrôlés dans des trafics de drogue, avec la promesse d'une vie facile. La chanson fait écho au phénomène des *baby gangs* dont parle Roberto Saviano dans son roman *Piranhas*, qui raconte l'histoire d'un gang d'adolescents qui se met à conquérir la ville de Naples en devenant trafiquants de drogue. Tout individu de plus de 25 ans est suspect à leurs yeux car vivant ! Eux s'imaginent une vie courte mais flamboyante. Seuls comptent l'argent et le pouvoir. La prison et la mort ne les effraient pas. L'idée d'une vie ordinaire, comme celle de leurs parents, les terrifie.

« Cette chanson est une claque. Quant à Big Ali, quel rappeur, quel chanteur ! J'ai adoré cette collaboration. Le rap est loin d'être mon univers, mais quand il est à ce niveau-là, je trouve que nous nous rejoignons. Certes, la forme n'a rien à voir, mais l'intensité des émotions est similaire », confie Florent Pagny dans son autobiographie. Il regrette qu'aucune radio n'ait diffusé le titre, qui avait tout pour devenir un tube. Mais en France, on préfère se regarder en chiens de faïence plutôt que de mélanger les savoirs. Les radios qui diffusent du rap ont refusé la chanson : passer Pagny était inenvisageable. Même attitude du côté des radios généralistes, qui ne veulent pas entendre de rap !

Huit ans plus tard, Florent Pagny remettra un pied dans le rap en donnant à Gims les clés de son album *Le Présent d'abord*.

« TE JETER DES FLEURS »

BOUQUET DE LOUANGES

Florent Pagny et Marc Lavoine se sont connus au début des années quatre-vingt, au temps des vaches maigres, lorsqu'ils couraient les mêmes castings. Trente ans plus tard, devenus tous deux chanteurs, Florent propose à Marc de participer à l'écriture de son nouvel opus, *Tout et son contraire*. La chanson « Te jeter des fleurs » est le fruit d'une amitié respectueuse.

« Tout l'monde vit de littérature/ On écrit sa vie sur un mur/ On se laisse aller pour aller mieux/ Tout l'monde veut un jour être heureux. » Marc Lavoine se souvient : « J'ai connu Florent en 1982, et je le trouve intègre, libre, généreux, honnête. Je suis heureux de le côtoyer depuis si longtemps et qu'on puisse encore aujourd'hui faire des chansons, appréhender l'avenir, l'inconnu, avec toujours cette vibration au fond de nous.[115] » Dans le canapé rouge

115. Documentaire *Tout et son contraire*, Warriors in Prod.

de Michel Drucker, en mars 2022, il se montre tout aussi dithyrambique : « Ce type est extraordinaire. Il ne change jamais de costume, il est tout le temps le même, je l'ai connu avant qu'on soit connus tous les deux, c'est un type fabuleux. »

Les deux artistes ont déjà partagé des duos sur leurs albums respectifs. En 2001, Florent Pagny et Marc Lavoine reprennent « Et un jour, une femme » à l'occasion de la sortie de l'album *2* de Florent, et, en 2007, ils chantent ensemble une chanson inédite, « Un ami », dans l'album *Les Duos de Marc*.

Hormis ces invitations amicales, les deux artistes n'ont pas eu l'occasion de travailler ensemble. Florent choisit la chanson « Te jeter des fleurs », qui lui permet d'aborder un registre plus romantique, livrant une interprétation d'une infinie tendresse.

« Te jeter des fleurs » est écrite et composée par l'un des duos les plus talentueux de la chanson française. L'auteur Marc Lavoine et le compositeur Fabrice Aboulker ont donné naissance aux plus grands succès et aux meilleurs albums de Lavoine, notamment au somptueux *Les Amours du dimanche*.

« Te jeter des fleurs » est un bijou de délicatesse qui met en exergue le besoin que chacun a de se sentir aimé et d'aimer. Lancer des fleurs, faire des compliments, des louanges à celle qui fait battre son cœur. « Je voulais te jeter des fleurs/ Sentir le parfum du bonheur/ Ne plus jamais compter les heures. »

« Au bout de tant d'années, Florent peut toujours avoir la confiance des gens qui le portent malgré les décennies qui passent et les changements de mode. Il est là parce qu'il représente quelque chose de fort. Ses principes, ses valeurs sont en accord avec le travail qu'il fait. Il est incapable de mentir dans ses chansons, dans sa manière d'être. Il a sa façon à lui de porter les choses. Il a marqué cette chanson[116] », analyse Marc Lavoine.

Pour Pagny, l'équation est simple : « Les bonnes personnes à la bonne place. C'est la clé de la réussite. On ne fait rien tout seul, c'est toujours un ensemble. »

Florent Pagny retrouvera la plume de Marc Lavoine sur l'album *Vieillir avec toi* dans le titre « Combien de gens », composé par Calogero. Un texte sublime qui met en parallèle le bonheur éclatant de Florent et d'Azucena et ceux que la vie a moins gâtés. Ceux qui sont nés dans un pays en guerre, ceux qui sont pris dans la tourmente de l'histoire, les déracinés et les déportés. « Combien de temps ?/ Combien de gens ?/ Combien de vies déchirées ?/ Combien de toi ?/ Combien de moi ?/ Combien de nous brisés ? »

Au micro de RFM, le 4 novembre 2013, jour de la sortie de l'opus, Florent Pagny confie : « Cette chanson a une double lecture assez intéressante, avec une histoire d'amour où tu es heureux, et, en parallèle, tu vois un monde un peu cruel, un peu difficile, mais tu te dis : "On peut s'aimer tout en vivant sur une planète pas simple." Marc est quelqu'un qui travaille beaucoup son écriture, et après les premiers enregistrements, il est revenu en proposant d'autres phrases pour aller plus loin encore dans la chanson et lui donner encore plus de dimension. »

Les deux jurés complices de « The Voice » se mobilisent lors de l'épidémie de Covid, en 2020, en chantant en trio avec Pascal Obispo « Pour les gens du secours », dont le bénéfice intégral est reversé aux hôpitaux de France.

---

116. *Florent Pagny vu par Marc Lavoine*, Universal Music France, novembre 2010.

Enfin, en 2023, Pagny et Lavoine rendent hommage à Léo Ferré et à Juliette Gréco en revisitant en version techno « Jolie Môme », qui figure dans l'album *2 bis* de Florent.

« JE LAISSE LE TEMPS FAIRE »

LA RÉCONCILIATION

Disparu des radars depuis « Ma liberté de penser », en 2003, Pascal Obispo revient dans le sillage de Florent Pagny avec un duo en guise de réconciliation : « Je laisse le temps faire ». Une rumeur persistante prétendait les deux artistes en froid pour une histoire de droits et d'argent. Sur des paroles de Lionel Florence, tous deux se jouent ici de leur statut vieillissant.

« Je laisse le temps faire/ Défaire/ Refaire/ Il n'ira jamais en arrière/ Non/ Cacher l'amour qu'on a vécu/ Comme si de rien n'était plus/ Je laisse le temps faire/ Défaire/ Refaire. » La brouille est oubliée. L'enregistrement se passe sous les meilleurs auspices. Florent raconte : « Le titre qui va être sur l'album, c'est un duo, mais un duo bilan. Mais un bilan plutôt très drôle avec le recul de ce qu'on peut être tous les deux. [...] On a enregistré la chanson comme on respirait, sans aucune difficulté. Avec le recul, tu te dis que c'est rare à vivre comme expérience, chanter ensemble, toujours en place, toujours juste, et envoyer sans un accroc. On a passé deux heures à rigoler. On a d'ailleurs gardé nos rires à la fin de l'enregistrement sur le disque »[117] .

Obispo, lui, est toujours sous le charme : « Je n'ai pas fait beaucoup de duos dans ma carrière, mais celui-là va marquer. On s'est vraiment bien marrés. Ce sont des expériences comme ça qui font qu'on a envie de continuer à écrire des chansons. On prend vraiment du plaisir.[118] »

Dans cette chanson, les deux artistes malmènent leur ego, se moquant avec panache de leur statut de chanteur de variété vieillissant face à la jeune génération qui ne songe qu'à déboulonner leur statue ! Et qui n'y est toujours pas parvenue…

« La roue tourne et tournent les vents/ Trois petits tours et au suivant/ Mais on prend pas comme ça la place/ Aux vieux singes qui font la grimace. »

Le clip, tourné en noir et blanc, plonge le spectateur dans une ambiance rétro à souhait, avec, accrochée au mur, une affiche de Mario Melfi, bandonéoniste argentin et chef d'orchestre dans les années vingt. Au son de l'accordéon, les chanteurs habillés d'époque s'amusent du temps qui a laissé des stigmates sur leur visage et leurs mains.

Pour l'anecdote, le clip est tourné au *Cabaret normand* de Villerville. Cet établissement doit sa notoriété au tournage sur place d'*Un singe en hiver* d'après l'ouvrage d'Antoine Blondin. Dans ce lieu mythique, Jean Gabin et Jean-Paul Belmondo se sont donné la réplique.

Toujours sur un texte de Lionel Florence, mis en musique cette fois par Calogero et son frère Gioacchino, Florent Pagny

117. DVD *Tout et son contraire*, 2010.
118. *Ibid.*

aborde une nouvelle fois le thème du temps qui passe, soulignant le côté dérisoire et absurde de la vie, dans « Après nous », sur l'opus *Vieillir avec toi*. « Après nous viendront d'autres inoubliables/ Et puis passeront d'autres indispensables/ Après tout, au fond, qu'est-ce que ça peut faire/ Puisque la poussière retourne à la poussière ? »

« C'EST LE SOIR QUE JE PENSE MA VIE »

L'HOMME QUI MARCHE

« Quelle que soit la direction prise, marcher conduit à l'essentiel. » Cette citation de l'écrivain Sylvain Tesson, extraite du *Petit Traité sur l'immensité du monde*, pourrait être chantée par Florent Pagny tant elle est en accord avec son for intérieur.

Après « Tout et son contraire », la chanson qui a donné son titre à l'album, les romanciers Jérôme Attal et Emmanuelle Cosso mêlent à nouveau leurs plumes pour plonger comme jamais dans l'intimité du chanteur avec « C'est le soir que je pense ma vie ».

« Tout et son contraire » est une chanson qui peut porter à confusion. Vouloir tout et son contraire, dans le langage courant, c'est ne pas savoir ce que l'on veut, ne pas parvenir à se décider. Tout l'inverse de Florent Pagny ! Le chanteur veut tout, sans avoir à choisir : la célébrité en France et l'anonymat en Patagonie, par exemple. En revanche, avec « C'est le soir que je pense ma vie », les auteurs lèvent le voile sur un pan méconnu de la personnalité de Florent Pagny.

Emmanuelle Cosso, qui écrira plus tard l'autobiographie du chanteur, *Pagny par Florent*, est alors l'épouse du comédien Kad Merad, l'un des meilleurs amis de Florent, et fréquente donc le couple Pagny. Elle est ainsi au plus près des confidences et une spectatrice privilégiée du quotidien de l'artiste.

À l'instar d'Alain Souchon, Florent marche pour remettre ses idées dans le bon ordre et en trouver d'autres, mais aussi pour s'octroyer des plages de solitude, nécessaires à son équilibre. « Je marche… la nuit. Si je suis dans des endroits plus urbains, c'est la ville, comme la chanson le décrit, mais très souvent, c'est plutôt dehors, dans la nature, ou même, s'il fait vraiment froid, je tourne en rond dans la maison, mais je marche, je marche et je dénoue ou je noue tout ce qu'il y a à faire et tous les délires que je peux avoir, qui peuvent d'un seul coup se concrétiser […]. Moi, je ne rêve pas, je pense, et en pensant, j'essaie d'avoir des visions ou des choses qui m'amènent à me dire : "Voilà le chemin qu'il faut prendre pour tel ou tel projet, ou tel moment de la vie." Donc, c'est le soir que je pense ma vie »[119] . « Le soir, le soir/ Je marche au hasard/ De ce que tu m'as dit/ Le soir, le soir/ Je couds, je répare/ Les voiles de la nuit/ J'imagine que je peux fléchir le cours des choses/ Je ressasse l'azur sous tes paupières mi-closes/ Et puis aussi/ Je donne des rendez-vous à ceux qui sont partis/ Les soirs où je pense ma vie. »

119. Documentaire *Tout et son contraire*, Warriors in Prod, 2010.

« LES MURS PORTEURS »

LES FONDATIONS DE LA MAISON PAGNY

Alors qu'il songe à faire une pause prolongée en terre patagone, éprouvant une certaine lassitude à faire le chanteur, Florent Pagny est rattrapé par Calogero qui lui a concocté l'intégralité d'un album. Toujours réticent à l'idée de relancer la machine, Florent l'écoute par politesse. Bouleversé en entendant « Les Murs porteurs », il sait que la Patagonie devra l'attendre.

Même s'il a des envies d'ailleurs, Florent Pagny ne peut passer à côté de cette chanson qui semble avoir été écrite sur mesure pour lui. Son auteur, Christophe Cirillo, s'est fait connaître en tant que chanteur sous le pseudonyme Monsieur Clément en sortant un opus éponyme en 2005. Le parolier touche juste. Florent se reconnaît dans chacun des mots. « Restent les murs porteurs/ Des amis en béton/ Un frère, une petite sœur/ Pour voir à l'horizon. » « C'est une belle déclaration d'amour à ses proches. Parfois, on perd pied, on se pose des questions, on peut être déstabilisé. C'est important de s'accrocher aux murs porteurs : les amis, la famille. C'est un super titre.[120] »

Florent a bâti sa vie sur l'amour. Sans ses piliers – sa femme, ses enfants, sa famille et sa poignée d'amis très proches –, il n'est rien. Il suffit d'abattre les murs porteurs d'une maison pour qu'elle finisse en gravats. L'image est puissante. « Chaque être humain, à un moment donné de sa vie, traverse des moments difficiles. C'est dans ces moments-là que l'on se rend compte que l'on a un peu moins d'amis, de copains, et d'un seul coup, tu reviens à l'essentiel, à tes racines, à ceux qui t'accompagnent dans ton parcours sur terre [...]. On peut se dire : "Bon, les jours où ça ne va pas, ceux à qui je peux le dire, c'est certainement mon frère, mes sœurs, mes parents ou mon meilleur pote." Ça ne dépasse pas ça »[121] .

Après certaines mauvaises expériences, Florent a fait le vide des relations factices. En plus de la famille qu'il a construite avec Azucena, qui reste son joyau, il voue une affection indéfectible à ses parents, Odile et Jean, à son frère Frédéric et à ses sœurs Marie-Pierre et Marie-Pascale. Le succès n'a en rien changé leurs rapports. Il ne se souvient pas de la moindre fâcherie entre eux. Florent croit aux vertus de la tribu et a été très malheureux quand, à cause de ses ennuis avec le fisc, ses parents ont vendu la maison familiale qu'il leur avait achetée en Bourgogne, leur terre natale. En octobre 1995, au micro de « Mélodies dimanche » sur Radio France internationale, il déclarait : « La maison où j'ai installé mes parents en Bourgogne peut accueillir toute la famille. Celle-ci est grande, j'ai un frère et deux sœurs, ils sont mariés et ont tous des enfants. On sait que, si un jour il se passe quoi que ce soit pour les uns ou pour les

120. *Le Parisien*, 17 juin 2013.

121. « L'invité », TV5 Monde, novembre 2013.

autres, si un jour il y a un problème, tout le monde peut se rabattre là-bas. »

Parmi les amis qui n'ont pas quitté le navire au moment du naufrage, figurent Kad Merad et Philippe Starck. Dans le documentaire « Florent Pagny : un homme libre », diffusé sur TF1 le 1er janvier 2023, Kad Merad se souvient : « Quand je l'ai rencontré, il dormait pratiquement dans sa bagnole. C'est l'époque où il se fait planter par tout le monde. Moi, j'étais un petit animateur sur Oui FM, absolument inconnu, et lui était redevenu presque un inconnu. Tout le monde se fichait de sa gueule, à l'époque. Ça aurait pu s'arrêter là, comme ça, pour lui. Mais c'est quelqu'un qui est obstiné, pugnace, qui ne se laissera jamais abattre. Il ne se laissera jamais avoir par quoi que ce soit ni par qui que ce soit. On a eu un coup de foudre, on s'entendait sur plein de trucs. Je le faisais marrer, et il me faisait marrer. »

En avril 2023, Florent Pagny revient également sur leur rencontre dans *Le Figaro* : « Je l'ai rencontré la même année que ma femme, Azucena. J'ai préféré ma femme pour plein de raisons, mais nous sommes restés très liés. Il a un humour bio, et j'aime être avec des gens qui me font rire, ça me fait du bien. [...] Nous avons beaucoup de choses en commun : originaires d'un milieu modeste, d'une fratrie, avoir fait peu d'études, réussir sur le tard et aimer la nature. Il a pas mal observé ma manière de vivre. Vivre un peu au-dessus de tes moyens, cela oblige à se bouger et à travailler plus. Quand il dérape un peu, il me prend pour exemple : “Florent m'a dit qu'il fallait toujours oser” ».

Oser, ils le font dès le début de leur amitié. À cette époque, avec Olivier Baroux, Kad Merad anime « Rock'n'Roll Circus », une émission de radio quotidienne sur Oui FM, avec, chaque mercredi soir, le « Rock'n'Roll Circus Live ».

L'émission accueille un invité chaque semaine. Kad et Olivier voudraient bien recevoir Florent, mais leur programme s'adresse avant tout aux dingues de rock tendance grunge. Ils ont alors l'idée loufoque d'inventer la venue du sosie de Florent Pagny… qui n'est autre que le vrai. L'invité joue le jeu tout au long de l'émission, laissant le public perplexe quand le subterfuge est révélé !

Avec Kad, Florent n'a pas l'occasion de s'ennuyer, même lors de parties de pêche où, d'ordinaire, le calme règne. Impossible de raconter cette anecdote sans que Florent soit pris d'un fou rire. « Je suis avec mon ver, je l'accroche et, au moment de lancer la canne à l'eau, je sens comme une résistance et j'entends : "Aïe." Je me retourne et je vois Kad avec l'hameçon planté dans le lobe de l'oreille, avec le ver qui se tortille. Et là, je pisse de rire. Je ne peux plus lui enlever tellement je rigole. En même temps, je lui dis : "Mais Kad, il n'y a qu'à toi qu'il peut arriver un truc pareil."[122] »

Pirouette de la vie, en 2022, Kad Merad choisit la Saône-et-Loire, fief de Florent Pagny, pour rénover une ancienne ferme et s'installer en tant qu'éleveur d'ovins et de bovins, à quelques encablures de là où, enfant, Florent taquinait le poisson dans la rivière du coin, la Bourbince.

Autre pilier de la vie de Florent Pagny : le designer Philippe Starck, qui l'a sorti de la rue en mettant à sa disposition « *La Casa del amor* ». C'est en suivant une bande d'amis que Pagny débarque un jour chez Starck, à Montfort-l'Amaury, alors qu'il est jeune acteur. « À son arrivée, il était très, très jeune. Il avait 18 ans. Il était très beau, très élégant. Il s'est imprégné très facilement et il est devenu un élément important de la tribu. On a eu une sorte de coup de foudre et il est resté habiter à la maison pendant très longtemps.

---

122. DVD *Concert à l'Olympia*, 2003.

Il faut dire qu'à l'époque la maison était une sorte d'auberge avec beaucoup de gens extrêmement drôles et brillants, très talentueux et très créatifs[123] », se souvient le designer.

Un bouleversement pour Florent : « Starck est tellement brillantissime que, lorsque tu passes du temps en sa compagnie, tu deviens intelligent car il faut suivre, être au niveau. Il m'a appris à vivre beaucoup plus sur la planète plutôt que de rester dans la tribu. Quand tu te mets à voir les choses d'un peu plus haut, tu les comprends autrement. C'est ce que l'on appelle le fameux recul. Il est donc vrai qu'il m'a beaucoup inspiré. J'ai toujours dit qu'il était mon maître à penser.[124] »

« Il est vrai que j'ai un mode de vie et de pensée assez particulier, reprend Starck. Et pour quelqu'un d'aussi sensible, d'aussi observateur et d'aussi intelligent que Florent, évidemment, il a dû y avoir des morceaux intéressants, et il en a fait son miel, comme on dit. Mais là encore, cela met en évidence une qualité de Florent. Il y a des gens qui peuvent rester toute une journée à côté de quelqu'un ayant des choses à transmettre mais qui ne verront rien. Il voit beaucoup.[125] »

Le designer de génie ne tarit pas d'éloges sur son ami : « J'apprécie beaucoup chez Florent sa masse inertielle. Il arrive n'importe quoi, il a toujours ses racines, il arrive du terroir, il arrive de là où il n'y a pas d'humour, de là où les choses sont vraies et sortent de la terre, de là où l'on fait naître les veaux, de là où on fait la récolte, de là où on observe la pluie avec bonheur ou anxiété. Cette chose totalement enracinée, cette chose verticale, c'est quelque chose d'extraordinaire qui lui a énormément servi dans la

123. Entretien de l'auteur avec Philippe Starck, avril 2018.
124. *Florent Pagny, l'homme qui marche*, Valérie Alamo et Stéphane Deschamps, Éditions Hors Collection, 2018.
125. Entretien de l'auteur avec Philippe Starck, avril 2018.

mesure où il a eu des moments drôles et des moments moins drôles dans son existence. Mais il n'a jamais changé car il est directement planté dans la terre comme un chêne. Et rien ne peut le déraciner. Florent est d'une intelligence supérieure. C'est un intuitif, il est à fleur de peau et il a des antennes vibratiles que même les chats de concours n'ont pas. »

Autre mur porteur de Florent Pagny : les fans de la première heure, qui lui vouent une fidélité rare au point de le suivre sur tous ses concerts. Parmi eux, Cathy Tiennot, qui est devenue au fil des ans une proche du chanteur, qui l'a intronisée « chef des fans ». Technicienne informaticienne, elle a créé le premier site Internet sur Florent Pagny – https://www.florentpagny.org/ –, dont le chanteur paie l'hébergement.

Elle a aussi organisé l'opération « Cartes postales » pour soutenir l'artiste durant sa maladie. Postant un message sur Internet, elle a demandé que toutes les personnes touchées par ce qui arrivait à Florent lui envoient un petit mot de réconfort.

Enfin, lors du retour du chanteur sur scène, aux arènes de Nîmes, à l'été 2023, au moment où il interprète « Les Murs porteurs », Florent, très ému, a vu se tendre au premier rang de petits panneaux sur lesquels il était inscrit « Ton public en béton ».

« VIEILLIR AVEC TOI »

UN HOMME HEUREUX

Si le mot « vieillir » peut faire figure d'épouvantail pour certains artistes, il est un cadeau du ciel pour Florent Pagny, heureux de voir le temps qui passe renforcer ses sentiments pour sa moitié. Comme le disait si poétiquement son ami Claude Nougaro, avec Azucena, Florent a trouvé « la femme de sa mort ».

La chanson « Vieillir avec toi » est le prolongement heureux d'« Et un jour, une femme ». Les treize ans séparant les deux chansons ont renforcé les liens entre Florent et Azucena. Les amoureux se sont dit oui le 7 avril 2006 à la Mairie de Montfort-l'Amaury dans la plus stricte intimité, avec pour seuls témoins Kad Merad pour Monsieur et Paola – une amie – pour la future épouse. Le côté administratif expédié, place à la fête somptueuse avec famille et amis, le 13 mai 2006, dans le célèbre domaine de Groussay à Montfort-l'Amaury. Vêtue d'une robe turquoise et d'un voile assorti, la mariée, semblant tout droit sortie d'un conte des *Mille et Une Nuits*, est d'une beauté à couper le souffle au bras de son non moins élégant mari, vêtu d'un costume blanc avec un poncho blanc et noir jeté sur les épaules. Aux côtés des jeunes mariés, Inca, vêtu de bleu comme Maman, et Ael de blanc comme Papa. Et dans le rôle du maître de cérémonie, Kad Merad en prêtre quelque peu déjanté pour recevoir le oui des futurs époux !

Les médias étant tenus à l'écart, certains d'entre eux, sachant Florent pris à la gorge par l'administration fiscale, n'ont pas hésité à lui proposer des espèces sonnantes et trébuchantes pour avoir l'exclusivité de son mariage. C'est bien mal le connaître. Monsieur Pagny a l'âme chevaleresque et des principes. Tout ne s'achète pas, et certainement pas son union avec Azucena ! « Il y en a qui n'veulent jamais/ Dormir au même endroit/ Qui rêvent de sauver le monde ou d'inventer des lois/ Pour des hommes et des idées/ Pour des femmes et des années/ On rêve tous d'attraper une étoile/ Moi je veux vieillir avec toi/ C'est mon plus beau rêve ici-bas. »

Florent Pagny est un homme accompli. Depuis qu'il a croisé le regard d'Azucena, en 1992, sa vie amoureuse est au beau fixe, et, par ricochet, sa vie professionnelle aussi. Il le répète à l'envi : « Sans Azucena, c'est simple, je ne suis rien. » « Si tu as trouvé ta moitié, donc ton étoile, c'est beau de pouvoir vieillir ensemble. Moi, je ne pourrais pas chanter ça si ce n'était pas la vérité.[126] »

Alors que Florent refuse de donner à ses auteurs des pistes sur les thèmes qu'il a envie d'aborder dans ses chansons, arguant que s'il le savait, il les écrirait lui-même, il est toujours charmé quand le texte touche sa cible dans le mille. C'est le cas de « Vieillir avec toi ».

Florent Pagny le raconte au micro de RFM, le 4 novembre 2013, jour de la sortie de l'album : « Je suis en Patagonie et

---

126. « L'invité », TV5 Monde, novembre 2013.

je dois revenir à Paris pour enregistrer “The Voice” et écouter les chansons que Calogero veut me proposer. Ma femme m’accompagne à l’aéroport, on est à deux heures et demie de bagnole du premier aéroport, et on est là en train de se dire que cela fait déjà vingt ans quand même, et on a franchement l’impression que cela ne fait pas aussi longtemps que ça. On est en train de se regarder en rigolant en disant : “On vieillit ensemble et on va vieillir ensemble.” Cela nous faisait marrer et plaisir. J’arrive à Paris, je vais écouter les chansons de Calo, et à la troisième, j’entends “Vieillir avec toi”, je le regarde et je lui fais : “Mais avec Marie Bastide (auteur de la chanson), vous étiez dans la bagnole ou quoi ? Comment vous pouvez m’avoir sorti ce thème-là, ce sujet-là, alors qu’il y a trois jours je l’aborde naturellement avec la personne concernée ?” J’appelle ma moitié et je lui dis : “Il y a une chanson qui s’appelle ‘Vieillir avec toi’, et cela va être le titre de l’album.” »

« Le couple heureux qui se reconnaît dans l’amour défie l’univers et le temps ; il se suffit, il réalise l’absolu » : cette pensée de Simone de Beauvoir sied à merveille au couple Pagny. Réussir sa carrière et sa vie d’homme avec la même intensité, telle est la prouesse réussie par Florent Pagny. Plus qu’un couple, ils forment une équipe. C’est ensemble qu’ils ont relancé la carrière de Florent, ensemble qu’ils prennent toutes les décisions au sein de Cuadrada Productions, dont ils partagent la direction. « Tu te dis qu’il faut être à la hauteur pour pouvoir être accompagné d’une personne comme elle.[127] »

Azucena est sa cage de Faraday. Dans l’adversité, il a pu voir combien elle restait forte. « J’étais sûr d’elle. Bien sûr qu’elle est au-delà. Mais en même temps, je sais à quel point

127. « Quelle époque ! », France 2, 18 novembre 2023.

elle est fiable et à quel point c'est justement dans des moments comme ça la guerrière qu'il me fallait. Surtout quand, en plus, ça commence à devenir plus costaud. Quand la vie commence à être un peu plus rude et qu'elle n'est pas aussi doucereuse, comme ce que je pouvais vivre ces derniers temps, elle est encore plus présente.[128] »

128. « Sept à huit », TF1, 5 mars 2023.

« LE SOLDAT »

DEVOIR DE MÉMOIRE

Après une incursion à la demande de Robert Hossein à l'époque de la Seconde Guerre mondiale, le temps d'un hommage au général de Gaulle, Florent Pagny se glisse dans la peau d'un soldat de la guerre 1914-1918, à l'heure de la commémoration des cent ans du début du conflit.

Même s'il avoue qu'avoir fait l'acteur l'aide dans l'interprétation de ses chansons, Florent Pagny n'aime pas camper un personnage. Lorsque Calogero évoque l'histoire d'un Poilu, Florent pense immédiatement que ce n'est pas pour lui. Dans son autobiographie, il raconte son revirement : « Il me fait écouter "Le Soldat", et en effet, Calo, je vais rendre hommage aux soldats de la Grande Guerre parce que ta chanson, elle est terrible ! »

Pagny est conquis car « Le Soldat » ne donne pas dans le pathos. La musique de Calogero parsemée d'envolées lyriques et la subtilité des paroles de Marie Bastide servent l'émotion sans une once de voyeurisme.

Le texte s'inspire des lettres des Poilus envoyées à leurs épouses, mères, familles. Des lettres qui témoignent du chaos dans lequel ont été plongés des jeunes gens subitement arrachés à leur vie. « Ces autres que l'on tue sont les mêmes que moi/ Mais je ne pleure pas/ Car je suis un soldat/ Mais surtout ne t'en fais pas/ Je serai bientôt là/ Et tu seras fière de moi », écrit Valentin Grandet à sa fiancée Augustine.

L'authenticité de l'interprétation de Florent Pagny réside dans le dédoublement de personnalité : il est à la fois le soldat Valentin Grandet et le narrateur de l'histoire d'amour de ce jeune couple anéanti par la guerre.

Le texte est d'une justesse effroyable, retraçant les états d'âme des soldats qui, au début de la guerre, pensent qu'une telle horreur ne peut durer longtemps, qu'ils vont bientôt rentrer chez eux. Et plus les jours passent, plus on sent que l'espoir s'amenuise, jusqu'à disparaître. « Je crois pouvoir le dire, nous nous sommes aimés/ Je t'aime une dernière fois/ Je ne suis qu'un soldat/ Non, je ne reviendrai pas/ Je n'étais qu'un soldat/ Prends soin de toi. » Qu'un soldat, un pion parmi d'autres, jeté dans l'absurdité.

La beauté du texte, construit comme un scénario, méritait un clip à sa hauteur. Celui-ci est signé Géraldine Maillet et donne une nouvelle dimension à la chanson. C'est à l'ossuaire de Fleury-devant-Douaumont, en Lorraine, que Florent Pagny a tourné le clip, rendant ainsi hommage aux milliers de soldats morts durant la bataille de Verdun, en 1916, et dont les corps sont enfermés dans la célèbre nécropole. Les images montrent l'artiste qui déambule au milieu des croix blanches représentant chacune une vie brisée, jusqu'à celle de Valentin Grandet, mort pour la France. Dans le clip, Pagny joue le rôle d'un descendant de ce jeune soldat. Un enfant le rejoint, qu'on suppose être son fils, qui vient lui aussi se recueillir sur la tombe de son ancêtre. L'enfant tient dans la main un petit objet en bois sculpté par Valentin dans les tranchées.

Le message est clair. Pour que Valentin ne soit pas mort pour rien, la famille doit se souvenir de lui… La chanson « Le Soldat » convoque le devoir de mémoire. Se souvenir pour ne pas reproduire les mêmes horreurs, pour honorer à jamais ceux qui se sont battus pour que nous soyons libres ! « C'est une chanson qui se démarque de plus en plus. En l'écoutant, la mémoire se réveille, ça te ramène à ton père, à ton grand-père. Tout le monde a un lien avec tout ça, ça laisse forcément des traces. Je suis arrivé cinquante ans après, mais cette guerre a évidemment eu des conséquences sur les années cinquante et soixante. Ça m'a intéressé de comprendre comment les choses se sont passées. Quand j'étais adolescent, j'adorais les brocantes, j'avais des briquets fabriqués par les Poilus dans les tranchées. J'étais plus intéressé par ça.[129] »

En se baladant parmi les tombes, Florent Pagny remarque un certain Thomas Pagny, mort le 2 août 1916 à 32 ans. Il est originaire de Saint-Bonnet-de-Vieille-Vigne, un petit village de Saône-et-Loire situé à une trentaine de kilomètres de Montchanin, le berceau de la famille du chanteur.

Le service du ministère des Armées recense également un Jean-Baptiste Pagny, mort à l'âge de 30 ans à l'hôpital militaire de l'Hôtel-Dieu de Lyon, le 31 octobre 1914, et né au Creusot, à huit kilomètres du fief de Florent.

En incarnant « Le Soldat », Florent Pagny a une nouvelle fois servi de passerelle et permis à Monsieur et Madame Tout-le-monde de s'intéresser à un pan important de l'histoire de France. Mieux encore : la chanson est un tel

---

129. *Vosges Matin*, 10 janvier 2014.

témoignage historique que l'Éducation nationale l'a incluse dans ses programmes.

Mais au-delà du texte, de la musique et du clip, c'est l'interprétation de Florent Pagny qui donne sa puissance à la chanson. En écoutant la maquette de Calogero que ce dernier a postée sur Internet, ce n'est pas faire offense à l'ancien chanteur des Charts que de dire que Pagny a redonné ses lettres de noblesse aux interprètes, moins valorisés en France que les auteurs-compositeurs. La voix de Florent transforme la chenille en papillon.

Le jeudi 30 mai 2024, son interprétation du « Soldat » bouleverse la salle Pleyel à Paris. Florent Pagny se produit lors d'un concert de charité, *Sentinelles d'un soir*, organisé par le général Christophe Abad, gouverneur militaire de Paris, au profit du Bleuet de France, des soldats blessés et des victimes du terrorisme.

Accompagné d'un orchestre de deux cents musiciens des Armées, il entonne, un peu fébrile, « Le Soldat ». Il n'a pas chanté sur scène depuis l'annonce de son cancer, et pour répondre à cette invitation qui lui tenait à cœur, Florent a fait dix-sept heures d'avion depuis la Patagonie. Sa venue est annoncée au dernier moment en raison de son état de santé précaire. Mais le soldat Pagny a livré bataille et triomphé.

« PARLE »

LES ENFANTS D'ABORD

Si Florent Pagny pose souvent aux côtés de son épouse, Azucena, il se montre plus discret en ce qui concerne les enfants qu'ils ont eus ensemble, Inca et Ael. Pudeur oblige, Florent attend les 17 ans de son fils pour lui dédier la chanson « Parle ».

« Parle, ouvre-moi ton âme/ Parle, parle, je t'écouterai comme un père/ Sans jugement de pierre. » « Le fait d'avoir des enfants, tout d'un coup, te fait comprendre pourquoi tu es sur cette Terre. Je travaille pour que le nid vive bien.[130] » Mais pas question pour Florent et Azucena de changer leur mode de vie pour autant. « L'enfant va suivre le mouvement. Ce n'est pas l'enfant qui arrive qui va m'obliger à aller dans une direction.[131] »

Le couple ne s'encombre pas de contraintes, au point de ne pas scolariser Inca. « Mon môme n'est pas allé à l'école avant l'âge de 6, 7 ans. Nous, on voyageait et on ne voulait pas se retrouver coincés par un système scolaire. Mais un

130. « L'invité », TV5 Monde, 1999.
131. « Le temps d'une chanson », France Inter, 20 décembre 2016.

jour, on s'est rendu compte qu'il avait besoin des autres. Des amis sont arrivés avec leurs enfants, ils sont venus passer le week-end. Et quand les enfants sont partis, il s'est accroché à l'un d'eux. Il ne voulait pas qu'ils partent. On l'a regardé faire, et on s'est regardés avec ma femme en se disant : "Ah ouais, là, on est en train de faire une grosse connerie." Le lendemain, il était à l'école.[132] »

Inca – né en 1996 – et sa sœur Ael – née en 1999 – grandissent en France, à la campagne, et étudient à l'école publique du village. Florent et Azucena ont toujours fait en sorte qu'ils vivent normalement, en s'attachant également à leur faire découvrir leurs racines argentines. « Y'a pas photo, élever un môme au milieu de la nature avec les animaux, c'est différent. Tu vois le ruisseau qui passe, tu peux te baisser et boire sans te retrouver avec des aphtes partout. En France, c'est quand même la vie du fils du chanteur. À un moment, j'ai dit : "On va aider nos enfants, on va en profiter par la même occasion."[133] »

Les Pagny sont partis aux États-Unis et en Argentine pour que leurs enfants grandissent sans le poids de la notoriété de leur père. « Pourquoi je te sens si triste, mon fils, mon enfant ?/ À moi, tu peux me dire si quelque chose d'enfoui te ronge la nuit/ Ne reste pas ainsi », chante Florent dans « Parle ». C'est en grande partie pour protéger Inca, qui est un garçon secret et qui garde toutes ses émotions en lui, que la famille Pagny s'installe à Miami en 2010. Inca a 14 ans, et sa sœur 11.

Le 2 juin 2009, Florent participe au « Petit Journal » de Canal +. Au journaliste qui lui demande « Pouvez-vous

---

132. Podcast *Contre-Addictions* par Rose, 25 juillet 2024.
133. « Envoyez la musique », France Bleu, 8 avril 2003.

dessiner votre autoportrait ? », le regard totalement ébouriffé, Pagny répond : « Un autoportrait de qui ? » La séquence est rediffusée dans le « Zapping » et fait toujours le bonheur des différents bêtisiers de fin d'année. Si, avec les années, l'artiste est parvenu à rire de lui-même, sur le moment, l'ambiance n'est pas à la fête. Inca rentre de l'école bouleversé, touché par les sarcasmes de ses petits camarades qui n'ont pas raté la boulette de son illustre papa.

Inca s'épanche pour la première fois. Florent Pagny comprend que le poids de sa célébrité est devenu un handicap pour son fils et décide de quitter l'Hexagone. « Je ne voulais pas que mes mômes en soient réduits à n'être que les enfants du chanteur. Cela fausse les rapports. En France, c'est très facile de les attaquer sur ce sujet. Le peu de temps où ils ont été scolarisés, ils ont reçu… J'ai eu raison de me méfier et de partir très vite.[134] »

Savoir aimer, c'est savoir protéger. À Miami, si les parents s'ennuient quelque peu – surtout Florent –, les enfants passent une adolescence sans écueil et deviennent parfaitement trilingues : français, espagnol et anglais ! De quoi faire rêver le papa toujours imperméable à la langue de Shakespeare…

Sur le même disque, *Vieillir avec toi*, figure « Souviens-toi », qui évoque l'émouvant instant où un père laisse partir sa fille pour qu'elle trouve sa moitié. À l'époque de la chanson, Ael n'a que 14 ans, et Florent songe plutôt à sa filleule Ara, la fille de Philippe Starck, sur le point de se marier.

En 2015, alors encore très jeunes, les enfants quittent le nid pour suivre des études. Direction Orlando pour Inca, qui suit avec brio un cursus universitaire dans la plus grande école de mécanique du monde, tandis que sa sœur part en

134. *Le Parisien*, 17 juin 2013.

internat à New York pour étudier la photographie. Elle n'a que 15 ans ! Même s'il accuse le coup, Florent Pagny adopte avec ses enfants la même attitude que ses parents ont eue envers lui. Il convainc Azucena de les laisser se réaliser. « Nos enfants ne nous appartiennent pas. Nous sommes les arcs, ils sont les flèches. Je leur fais confiance. Je ne vais surtout pas expliquer à mes enfants ce qui est long à vivre. Je suis plus à vouloir leur raconter mon expérience et leur dire ce que je ressens, comment j'analyse les choses, que leur dire "Tu dois faire ci, tu dois faire ça". Jamais je ne me le permettrai.[135] »

L'essentiel pour le couple Pagny est d'avoir transmis des valeurs à ses enfants. « Avec ma femme, Azu, on espérait très fort que nos enfants se comportent avec respect et bienveillance. Comme nous. Comme on aime. Et Inca comme Ael sont de belles personnes. Vous savez, quand un des parents a un peu de notoriété, c'est toujours délicat. On flippe car les enfants sont souvent "éclaboussés" par le système médiatique. Mais je l'assure : chez moi, ni l'un ni l'autre ne se sont présentés dans la vie en tant que fils ou fille de Florent Pagny. La petite phrase qui commence par "Tu sais qui est mon père ?", pas de ça chez nous ! Bien au contraire. Nos enfants ont toujours adopté le profil bas. Et naturellement. J'ai toujours mis un point d'honneur à vouloir les préserver des pièges de la notoriété.[136] »

Florent a toujours expliqué à ses enfants qu'ils étaient des privilégiés et que, lorsque lui était petit, les choses étaient bien différentes. « Il faut que ça serve à quelque chose. Mes gamins voyagent en business, et je leur rappelle que ce n'était pas comme ça avant. Je ne suis pas un enfant de bourgeois. Mes parents sont toujours là, ils peuvent en témoigner. Il ne

135. « Le Divan », France 3, 10 mai 2016.
136. *Gala*, 1er juin 2023.

faut pas se cacher, ne pas se la péter non plus et se croire arrivé.[137] »

Pour ne plus penser au nid laissé vide par le départ des enfants, Florent et Azucena fuient leur chagrin en quittant eux aussi la maison. « On a voyagé pendant un mois avec un programme très précis, très rythmé, pour ne plus penser au nid vide, à leurs chambres vides. C'était très difficile[138] », se souvient Florent Pagny.

Dans l'album *Habana*, Raúl Paz saura mettre des mots sur cette détresse parentale avec la chanson « Falta el ruido », titre que l'on peut traduire par « Votre bruit me manque ». « Je me suis fait gauler sur la chanson des gamins. Ils ont pris leur envol, et depuis je dis à Madame : "Ça va, ça va, la vie continue." Et puis, là, d'un seul coup, les larmes me sont montées. Vraiment, je ne pensais pas être aussi ému. Les chansons racontent la vie, et dans la vie il y a des moments que tu encaisses plus que d'autres. Là, je me rends compte soudain qu'on a fait le deuil de ce cocon parents-enfants. Ael et Inca deviennent de beaux adultes, mais c'est déjà une autre vie.[139] »

Aujourd'hui, Inca, en plus d'être un as en mécanique, est graffeur. En duo avec un ami – Dimitri –, il graffe sous le nom de Dimka. « Dès qu'il m'a parlé de son envie de graffer, à 13 ans, je l'ai encouragé. Je trouvais cet art émergent très intéressant. Et puis il s'est entraîné avec un pote, et un jour il nous a fait une tête de poisson… très réussie, avec des couleurs originales. Il pensait mettre du vert, mais en fait il s'agissait du rose car Inca est daltonien. Il confond

137. *Libération*, 13 juin 2023.
138. *Gala*, octobre 2019.
139. DVD *Coulisses de l'album* Habana, 2016.

les couleurs, mais ça rend ses créations très originales. De dessin en dessin, les communes, au lieu de les retirer, lui ont confié d'autres murs, d'autres endroits à graffer. C'est du street art, certes, mais ici, on est à la campagne. Donc, du "campagne art" ! Du figuratif fait par des mômes gentils, remplis d'amour et qui détestent la baston. Depuis tout petit, dès qu'il y avait une bagarre, Inca se mettait au milieu de la cour de récréation et disait : "Arrêtez, arrêtez !" Mes enfants ont toujours été des pacifistes, préférant de loin l'amour à la violence.[140] » Florent a fait appel au talent de Dimka pour son clip *L'Avenir*. Les deux artistes graffent un peace & love géant sur une toile.

Quant à Ael, qui avait déjà réalisé les photos de l'album *Aime la vie*, Florent lui a demandé en 2021 de le suivre sur la tournée de ses 60 ans pour capturer cet événement avec son objectif. Mais l'annonce de son cancer bouleverse ce projet… sans l'interrompre. Dans le sillage de son père, Ael immortalise les moindres instants de son long combat face à la maladie, mais aussi l'enregistrement de l'album *2 bis* et les festivals où il remonte sur scène durant l'été 2023. Son travail donne lieu à un magnifique livre, *Pagny par Ael* (Éditions HarperCollins), préfacé par Florent et publié le 6 novembre 2024, jour des 63 ans du chanteur.

Plus que jamais, la famille est pour Florent Pagny son mur porteur. « Dans l'épreuve ou pas, on est une famille unie. On est quatre, on forme un groupe, parfois on s'appelle même "les Beatles" entre nous et on fait front commun. On a tous eu la même attitude en apprenant mon cancer : on a décidé de l'affronter ensemble.[141] »

---

140. *Gala*, 1er juin 2023.
141. *Ibid.*

« MAIS OÙ S'EN VA LA VIE »

L'HISPAGNYQUE

Depuis sa rencontre avec Azucena Caamaño, Florent Pagny a deux amours, son pays et l'Argentine. Deux langues aussi, le français et l'espagnol. Le chanteur se lance alors le défi de conquérir le public sud-américain. Après deux essais plus ou moins heureux, il confie, en 2016, à l'icône cubaine Raúl Paz la conception – paroles et musique – de l'album *Habana*.

Comment se sentir d'un pays sans en connaître la langue ? Quand il rencontre Azucena, Florent ne parle pas un mot d'espagnol. L'apprentissage de la langue de son amoureuse est le passeport qui va lui permettre de s'intégrer en Patagonie, même s'il restera à jamais « le Français » pour les autochtones. Parler la langue de Cervantès lui permet surtout d'entretenir des relations privilégiées avec ses beaux-parents, et notamment avec son beau-père, Dante, auquel il voue respect et admiration. « Tu as été un professeur très important pour moi [...] Tu ne parles pas beaucoup, mais tes actions parlent pour toi. Te rencontrer a été déterminant dans ma vie et tu m'as beaucoup inspiré. Il se dégage de toi une telle force ! Mieux que dire, c'est faire », confie Florent dans son autobiographie.

Chanter en espagnol, Florent s'y emploie dès 1997, sur l'album *Savoir aimer*. Il reprend « Sólo le pido a Dios », signée León Gieco, une chanson chère au cœur des Argentins. Écrite en 1978, au moment des tensions guerrières entre l'Argentine de Videla et le Chili de Pinochet, cette chanson contre la guerre, censurée par la dictature argentine, est devenue un hymne à la tolérance, à la résistance, à la liberté, à la justice.

En 2000, dans l'album *Châtelet les Halles*, Florent Pagny rend hommage au grand chanteur de tango Carlos Gardel dans « La Légende de Carlos Gardel », dont la musique est signée David Hallyday. Il reprend ensuite deux célèbres morceaux de Gardel – « El Día que me quieras » et « Volver » – dans *Baryton. Gracias a la vida*, paru en 2012.

Auparavant, en 2009, son premier opus hispanique, *C'est comme ça*, lui permet de faire une rencontre primordiale : Raúl Paz. Les deux artistes font connaissance en février 2007 lors d'un défilé de mode de Marithé et François Girbaud, les couturiers qui habillent Florent sur scène, au Carrousel du Louvre.

Le courant passe d'emblée avec Raúl Paz. Auteur-compositeur-interprète, le Cubain vit à Paris depuis 1996, quand il a fui le régime de Fidel Castro. Il bénéficie d'une certaine popularité en France, où il est promu chevalier de l'ordre du Mérite. Son album *Mulata*, en 2003, qui associe musique coréenne pop, hip-hop et rock, lui a valu la reconnaissance de la presse et du public. Pagny le découvre sur scène en 2007, au Grand Rex, lors de la Fiesta cubaine. Il est conquis.

Paz écrit deux chansons pour *el señor* Florent Pagny : « Me siento bien » et « C'est comme ça », qui donne son titre à l'opus. Du « sur-mesure », selon Florent. Le clip de « C'est comme ça » ressemble à une version latine de

La Petite Maison dans la prairie, tant la famille Pagny au grand complet respire le bonheur !

Les deux hommes se retrouvent à Cuba en 2008. Raúl Paz est rentré chez lui, où il est devenu l'un des symboles de la libération progressive cubaine. « On est devenus plus proches quand je me suis réinstallé à Cuba en 2008. Florent a vu les dégâts que les ouragans avaient faits sur l'île. Il m'a appelé en me disant qu'il voulait m'aider à monter un concert pour récolter des fonds. On a créé le programme *Écoles contre ouragans*, avec lequel on a reconstruit treize écoles dans la région de Pinar del Río. Nous avions réuni des artistes pour un show au Grand Rex à Paris. Une fois les écoles rebâties, on a refait un spectacle à La Havane en 2009.[142] »

Florent rend plusieurs visites à Raúl Paz à Cuba. Il lui confie la composition et l'écriture de *Habana*, qui sera réalisé par Julio Reyes Copello, producteur, auteur-compositeur et ingénieur du son colombien qui a travaillé avec Jennifer Lopez, Marc Anthony, Laura Pausini ou le joyau espagnol Pablo Alborán. « On se baladait dans le pays, on regardait ce qui se passait. Je m'imprégnais de l'atmosphère, et puis on se racontait nos histoires, on parlait de la vie, de la mort. Raúl est un buvard, il t'absorbe et te retranscrit les émotions en chansons.[143] » L'artiste cubain est sur la même longueur d'onde. « J'ai eu envie de lui faire chanter des mots dans lesquels il se retrouve. C'est quand même un garçon qui a de multiples vies du fait de son mariage avec une Argentine. Son côté hispanique a une très grande importance dans sa vie. Il vit vraiment entre deux cultures. J'espère qu'on le comprendra dans notre travail.[144] »

142. *Paris Match*, 28 avril 2016.
143. « C'est à vous », France 5, 6 juin 2016.
144. *Paris Match*, 28 avril 2016.

Le 20 mars 2016, le président Obama se rend à La Havane, une première en quatre-vingt-huit ans. Il évoque une éventuelle levée de l'embargo économique américain qui dure depuis 1962, à l'époque de la guerre froide, sans toutefois en préciser de date. « Comme Raúl Paz le dit, puisqu'il m'a bien cerné, je ne poétise pas et je ne politise pas. Dès le départ, on était dans un constat : la vie, c'est plutôt chaud en ce moment, ça va dans tous les sens, ça va vite. Cela lui a inspiré une première chanson qui s'appelle "Dónde va la vida".[145] » Florent Pagny en livre deux versions dans l'album : l'une en espagnol, l'autre en français, adaptée par Emmanuelle Cosso.

Chanter en espagnol ne lui procure pas les mêmes sensations que de chanter en français, avoue Florent. « J'ai l'impression que l'espagnol valorise mon timbre. Je chante de manière très fluide et enlevée. Je n'ai pas le même son dans la voix. Je sens une légère différence qui donne une autre couleur à ce que j'interprète. Je m'y sens plus à l'aise pour mélanger le grain et le vibrato. Le répertoire est différent, les instruments et les arrangements aussi. En France, le romantisme est vieillot alors qu'il est omniprésent dans toutes les chansons latino. Et vocalement, je m'y retrouve. On peut envoyer sans être ridicule. J'ai fait trois albums espagnols : le premier, j'en suis très satisfait ; le deuxième, je n'en suis pas du tout satisfait ; et le troisième, j'en suis très satisfait.[146] »

Ces trois albums n'ont pas permis à Florent Pagny de conquérir le marché latino. Peut-être lui manquait-il une pointe de sensualité ? Mais il a permis au public français de s'ouvrir à d'autres horizons musicaux.

---

145. « C'est à vous », France 5, 6 juin 2016.
146. « Thé ou Café », France 2, 18 juin 2016.

« LE PRÉSENT D'ABORD »

MAÎTRE PAGNY

Que ce soit en matière capillaire ou vestimentaire, Florent Pagny a besoin de changement. Grâce à Pascal Nègre, le directeur d'Universal France, sa maison de disques, l'artiste va également changer de style musical en mettant un pied dans un domaine inconnu : la musique urbaine, grâce à Gims, qui se fait encore appeler « Maître » en 2017.

Pascal Nègre voit certainement dans la collaboration entre Gims et Pagny l'occasion de réunir deux des plus gros vendeurs de disques du moment. Maître Gims a connu le succès, d'abord avec son groupe de rap Sexion d'Assaut grâce aux titres « Désolé » ou « Ma direction », mais aussi en solo avec l'album *Subliminal*, qui contient notamment « Bella » et s'est écoulé à plus d'un million d'exemplaires.

Pagny trouve l'idée de cette association plutôt judicieuse. « Dans tout ce que j'entends de Gims, il y a une connotation très pop variété. En plus, dans sa voix, il y a de l'opératique. Comme il possède ce grain-là et ce timbre-là, il compose avec cet accessoire, et ça l'amène à des structures mélodiques dans lesquelles je peux complètement me retrouver.[147] »

Néanmoins, Florent veut éviter l'image du "boomer qui fait de l'urbain" et impose ses conditions pour ne pas tomber dans la caricature. « Dans la discussion avec Gims, je lui dis : "Je veux tes chansons, je veux ton son, je veux tout. Maintenant, on n'a pas le même âge, tu as 30 piges, j'en ai 55. Nos modes de pensée et de réflexion sont obligatoirement différents. J'aimerais travailler avec des mecs qui sont plus de ma génération, en l'occurrence un auteur que j'aime beaucoup, Lionel Florence."[148] »

Et, pour l'une des rares fois, Florent Pagny impose un thème pour la chanson. Lionel Florence se souvient : « Florent m'a confié au téléphone vouloir parler du temps présent. Je crois que c'était à la suite d'un reportage ou d'une conférence abordant la notion du temps. J'avais tellement écrit déjà sur le thème du temps qui passe que j'avais envie d'autre chose. Mais j'ai vraiment voulu répondre à la demande, par respect pour l'artiste. C'était plus un costume sur mesure qu'une pure inspiration, mais sa confiance en moi ne permettait pas que je déçoive Florent.[149] »

Autre nouveauté pour Lionel Florence : devoir composer avec Maître Gims, avec lequel il signe deux chansons, « L'Âge de raison » et « Le Présent d'abord ». « Par un incroyable hasard, Maître Gims était mon voisin de palier lorsque j'habitais à Bastille. Je le connaissais évidemment pour son succès, et il m'a dit me connaître de nom. Et sans jamais prononcer le nom de Florent Pagny, Maître Gims m'a proposé de faire

147. *Florent Pagny, l'homme qui marche*, Valérie Alamo et Stéphane Deschamps, Éditions Hors Collection, 2018.
148. *Ibid.*
149. *Ibid.*

quelques chansons pour lui. Dans nos mails et nos textos, nous parlions toujours de "l'Argentin". Maître Gims m'a envoyé quelques "sons", comme il dit, des sons que j'appelle des maquettes, sur lesquels j'ai proposé des textes.[150] »

« Laissons-nous vivre le présent d'abord/ Laissons-nous vivre à l'instant plus fort/ Laissons-nous suivre nos envies d'encore/ Laissons-nous vivre aujourd'hui d'abord. » Le thème de la chanson « Le Présent d'abord » vient d'une rencontre faite par Azucena Pagny. « Azu a assisté à une conférence sur le bio émotionnel donnée par une spécialiste qui s'intéresse aux liens subtils existant entre notre ressenti émotionnel et la réaction biologique de notre corps. [...] Cette personne développait l'idée selon laquelle l'humain utilise un tiers de sa pensée pour le passé, un tiers de sa pensée pour le présent et un tiers de sa pensée pour le futur. Tout semble parfaitement réparti, mais elle va plus loin en disant : "Ce qui est passé est passé." Donc, cela ne sert à rien de perdre autant de temps à penser à ce qui est passé. Garder un cinquième des meilleurs souvenirs des événements marquants, ça suffit. Quant au futur, si vous le vivez dans des rêves ou devant un ordinateur devant lequel on perd un temps infini, eh bien, ce tiers, vous le laissez tomber. Vous prenez également un cinquième pour avoir de bons projets et vivre des choses essentielles et utiles. Mais surtout, il faut profiter de son instant présent en comprenant bien ce qui se passe autour de soi, parce que c'est précisément cet instant qui va construire notre futur proche »[151] .

Contrairement aux ambitions de départ, Gims et Pagny ne vont pas pouvoir accorder leurs emplois du temps surchargés. Gims confie alors une partie de la réalisation de l'album à

150. *Ibid.*
151. *Ibid.*

son équipe : Dany Synthé, Nazim Khaled ou encore Thomas Laroche. « Je voulais le son de Maître Gims. Aujourd'hui, avec un ordinateur pour remplacer des instruments, tout va plus vite. Au lieu de faire venir des musiciens qui enregistrent chacun leur session, les membres sont capables de sortir la chanson dans la nuit. La production est impeccable. C'est en plastique, mais ça sonne terrible. C'est un truc de malade. C'est ce qui m'a donné ce côté moderne venant de l'urbain[152] », s'enthousiasme Florent Pagny.

Le son de Gims permet à Pagny d'apporter une autre couleur à sa voix, qui paraît toujours plus puissante. « Ce que j'aime par-dessus tout, c'est bien chanter, bien interpréter. Je me suis vraiment positionné comme un interprète et comme une voix. Quand on raconte une histoire, il faut la ressentir et l'intégrer pour pouvoir provoquer des émotions. C'est une fusion entre le cerveau et le cœur. Il faut donc être généreux et savoir ce que l'on raconte.[153] »

L'album *Le Présent d'abord* donne un rendu époustouflant sur scène lors de la tournée *55 Tour*. D'ordinaire, un chanteur glisse deux, voire trois, nouvelles chansons dans son spectacle. Florent Pagny aime tant l'album qu'il chante sept des douze titres de l'opus. « C'est dire à quel point je trouve que mes nouvelles chansons sont bonnes ! C'est périlleux car le public vient entendre tes anciens succès. Ces derniers ne manqueront pas à l'appel, mais présenter mes nouveaux titres m'oblige chaque soir à me montrer convaincant. C'est un challenge.[154] »

152. *Ibid.*
153. *Ibid.*
154. *Ibid.*

« C'EST PEUT-ÊTRE »

LE MAÎTRE ET L'ÉLÈVE

Les plus perspicaces l'avaient déjà vu dans d'autres télécrochets ou entendu chanter sublimement le titre « Marie-Antoinette », de la comédie musicale *Marie-Antoinette et le Chevalier de Maison-Rouge*, signée Didier Barbelivien. Mais pour la plupart des Français comme pour Florent Pagny, Slimane est apparu un soir d'avril 2016 derrière le micro de « The Voice », interprétant « À fleur de toi » de Vitaa avec tant de conviction que la chanson paraissait sienne. Avec coach Pagny, Slimane remporte la saison 5 de l'émission de TF1 et devient dans la foulée le seul élève à écrire pour son professeur.

Au micro de RFM, le 22 septembre 2017, Florent se souvient : « Slimane m'appelle en me disant : "J'apprends que tu écoutes des titres et que tu prépares ton album. Est-ce que je peux te faire passer des chansons ?" Je réponds : "Bien sûr, avec plaisir, parce que, moi, quand je suis en fabrication, en production, j'écoute tout." »

Mais Slimane, comme les autres auteurs-compositeurs de l'opus *Le Présent d'abord*, tombe dans le piège de l'imitation. « Au départ, ils m'ont proposé des chansons que j'avais déjà l'habitude de chanter. J'ai rendu toutes les copies en disant : "Je ne veux pas collaborer avec vous pour avoir des chansons qui ressemblent à ce que j'ai déjà fait. Je veux collaborer avec vous pour avoir des chansons qui ressemblent à ce que vous faites, pour voir si j'arrive à interpréter ce genre-là." »

Pagny demande à Slimane quelque chose de plus coloré, de plus rythmique, de plus frais, afin de rester dans la dynamique des textes qu'il a déjà choisis. « Il est arrivé avec "C'est peut-être", qui marchait très, très bien, et on s'est retrouvés avec l'inverse de ce que l'on avait vécu sur "The Voice", où j'étais le coach et lui le talent. Là, il est arrivé en studio et il est devenu le coach, et moi le talent qui devait intégrer sa chanson, parce que chanter du Slimane, c'est super dur. Il va très bas et il va très haut. Ses compositions ont une telle amplitude que pour trouver la tonalité et être à l'aise, c'est compliqué, même pour moi… Il a fallu trouver tout ça, et après, il a une manière de prononcer, une dynamique dans son interprétation qui donne le charme à ses chansons. Si tu ne t'en rapproches pas assez, tu peux perdre ce charme-là. Ce n'était pas aussi simple, mais on s'est bien éclatés pour réussir notre coup.[155] » « C'est peut-être un peu la guerre au milieu de nos terres/ C'est peut-être une nouvelle ère, nouveaux jeux, qui nous perd/ C'est peut-être une autre vie, encore un chemin/ C'est peut-être une autre histoire qui file entre tes mains. » « C'est peut-être » ne figure pas dans le tour de chant *55 Tour*. Florent avoue que la chanson est périlleuse à chanter tous les soirs en live. Il ne veut pas risquer de s'abîmer la voix.

155. RFM, 22 septembre 2017.

Pour l'anecdote, Slimane a co-écrit « C'est peut-être » avec un certain Jim Bauer que Florent Pagny ne tardera pas à croiser sur le plateau de la dixième saison de « The Voice » !

Aux yeux de Pagny, Slimane a réussi le plus difficile : entamer une carrière avec ses propres chansons et plaire au public ! Peu ont réussi le grand saut. « C'est quelqu'un qui a changé ma vie, reprend Slimane. C'était mon coach sur "The Voice", c'est lui aussi qui me donne la possibilité de lui écrire une chanson après ma sortie du concours. Je ne sais pas s'il s'en est rendu compte, mais ça a été l'ouverture pour les autres artistes de me faire confiance. Je ne sais pas s'il le sait, mais je le remercierai tout au long de ma vie. Ça a été une grande leçon d'humilité. C'est un mec qui dit bonjour à tout le monde quand il arrive sur le plateau de "The Voice", qui te respecte toi alors que tu n'as rien fait et que, lui, il a déjà trente ans de carrière ! J'ai beaucoup appris de lui, je le considère profondément comme quelqu'un de ma famille. J'espère qu'il sait que je le respecte et qu'il compte beaucoup, beaucoup pour moi.[156] »

En 2018, en ouverture de la trente-troisième cérémonie des Victoires de la musique, Slimane et Florent Pagny chantent en duo « Requiem pour un fou » pour rendre hommage à Johnny Hallyday. Ils se retrouvent ensuite pour partager « Les Murs porteurs » sur l'album *2 bis* de Florent, publié en 2023. Une bénédiction pour Slimane : « C'est une chanson qui est lourde de sens pour notre histoire et qui aujourd'hui prend encore un autre sens. Il fait clairement partie des murs porteurs de ma vie, de ceux qui m'ont aidé à être là où j'en suis. Et j'ai compris un petit peu que j'étais une des pierres des murs porteurs de sa vie. Lui, il est pudique, et moi aussi. En fait, je le considère un peu comme quelqu'un

156. « Légendes urbaines », RFI, 6 juin 2023.

de ma famille. C'est très bizarre, c'est comme avec mon oncle ou mon père. J'ai beaucoup d'amour, mais je ne sais pas lui dire. C'est une pudeur que j'ai généralement avec les hommes que j'estime.[157] »

157. « 50 minutes inside », TF1, 1er juillet 2023.

« IMMENSE »

FLASHBACK

En choisissant les chansons pour l'album urbain *Le Présent d'abord*, Florent Pagny ne s'attend pas à trouver « Immense », un texte de Chad Boccara qui le renvoie à ses 15 ans et à son arrivée à Paris.

« Immense/ Dans cette ville immense/ Je m'efface en silence/ Seul parmi la foule/ Oh dans cette ville immense/ Je vis à contresens/ Et côtoie les absences. » « Quand “Immense” arrive, cela me rappelle immédiatement ce moment-là de ma vie. On me raconte une chanson qui me concerne, mais qui me concerne il y a quarante ans ! Cela m'a donné envie de la chanter et de l'exprimer.[158] »

À 15 ans, Florent Pagny débarque à Paris, à l'Armée du Salut. Il a la ferme intention de polir le joyau qu'il a dans la gorge car il a l'intuition que chanter peut changer sa destinée. Mais les inscriptions au conservatoire de Levallois ne sont pas encore ouvertes. Pour tuer le temps, il fait un tour du côté du théâtre. Il reste à peine un jour. Il déteste, ayant

158. *Florent Pagny, l'homme qui marche*, Valérie Alamo et Stéphane Deschamps, Éditions Hors Collection, 2018.

l'impression de retourner à l'école. Complètement désœuvré, Florent s'enfonce dans un profond désarroi. « Je n'ai pas eu d'adolescence. Je suis passé de l'enfance à la vie d'adulte parce que, quand on est tout seul à 15 ans à Paris, il faut commencer à regarder où tu marches.[159] »

Découragé, il choisit d'abandonner son rêve. « J'ai pris mon téléphone. Je pleurais, j'ai dit à ma mère : "Je rentre, je n'y arrive pas." L'expérience était trop violente. Je passais des journées sans parler à qui que ce soit. La solitude, c'était gravissime.[160] »

Dans le train de nuit qui revient à Bonneville, Florent s'en veut de sa faiblesse. S'il rentre au bercail, il sait qu'il peut dire adieu à sa future carrière de chanteur. « Je n'accepte pas de m'être fait avoir par Paris à mon arrivée », se répète-t-il à la longue. Il faut qu'il y retourne, mais dans de meilleures conditions. Par piston, il intègre en cours d'année une école à Bezons pour apprendre le même métier que son père, menuisier de son état ou plus précisément modeleur sur bois.

Enfin, les inscriptions au conservatoire Maurice-Ravel de Levallois-Perret ouvrent ! Accompagné de sa mère, Florent se présente devant Inès Gaétan, la directrice de l'établissement, qui douche immédiatement son enthousiasme. La professeure de chant lui explique que les voix masculines se forment à l'âge de 20 ans. Or, Florent n'a que 16 ans. Sa voix n'est pas encore placée et n'a pas achevé sa mue. Il est donc difficile, voire impossible, qu'il soit élève du conservatoire.

Le naturel revient au galop. Le gamin ose et lance : « J'ai fait le voyage jusqu'à votre bureau. J'ai quitté la Haute-Savoie

---

159. Podcast *Addiktion*, France Télévisions, 24 septembre 2024.

160. *Florent Pagny, l'homme qui marche*, Valérie Alamo et Stéphane Deschamps, Éditions Hors Collection, 2018.

dans le seul but de pouvoir rentrer au conservatoire. Et vous me dites de retourner chez moi, de dire adieu à mon avenir. Ce n'est pas possible. Je suis venu. Vous allez m'écouter.[161] »
Sa fougue et sa détermination surprennent Inès Gaétan, qui veut bien écouter l'adolescent. Elle se met au piano et demande à Florent de faire des vocalises. « Je lui envoie des vocalises. Je lui envoie tout ce que je peux lui envoyer car il faut que je réussisse à la convaincre. Au bout de cinq minutes, elle se retourne vers ma mère et lui dit : "Je n'ai jamais entendu une voix pareille chez un gamin de cet âge-là, je le garde."[162] »

Florent reste presque trois années au conservatoire, au cours desquelles il apprend à travailler le don que la nature lui a donné. « J'ai une malformation des cordes vocales, confie-t-il. J'ai la corde vocale gauche qui fait le double de la droite, d'où le côté un peu trompette. Elle me permet d'avoir plus de décibels, plus de puissance, et comme j'ai une bonne oreille, j'ai pu rajouter la musique et chanter juste et en mesure.[163] »

Florent Pagny est un élève assidu, qui vient trois fois par semaine au conservatoire se perfectionner dans l'apprentissage des différentes techniques vocales. Il a tant de talent que sa professeure envisage de le présenter au Concours national. « Elle m'a fait travailler dans ce sens, et juste avant de passer le concours, je vais la voir pour lui dire que je n'irai pas. Je lui avoue que je n'ai pas envie de retourner à l'école et que ma vie est ailleurs. Je sais que je lui ai procuré une grosse déception.[164] »

161. *Ibid.*
162. *Ibid.*
163. « Culture Médias », Europe 1, 22 septembre 2021.
164. *Florent Pagny, l'homme qui marche*, Valérie Alamo et Stéphane Deschamps, Éditions Hors Collection, 2018.

L'élève Pagny ne reverra plus celle qui lui a mis le pied à l'étrier. Il garde toujours dans un coin de son cœur le remords de ne pas être revenu la remercier. Le baryton Martin a préféré la pop music au lyrique, mais l'important, c'est de chanter !

« RAFALE DE VENT »

UN AIR DE FAMILLE

Dans la famille Giunta, après Giuseppe, le père qui a écrit deux textes en italien sur l'album *Baryton*, voici le fils Mathias, à l'origine du nouvel album de son oncle, *Aime la vie*. Avec son acolyte Manu Martin, il a écrit six chansons sur les onze que compte l'opus. Parmi elles, « Rafale de vent », choisie comme premier single.

Après l'album *Tout simplement*, sur lequel il reprend des chansons francophones qui ont marqué sa vie, Florent Pagny aspirait à faire un long break de trois ou quatre ans. Mais son neveu, le fils de sa sœur Marie-Pascale, contrecarre ce projet de flemme prolongée en lui envoyant de nouvelles chansons en Patagonie. « En général, leur univers est plutôt fait d'ambiances déprimantes, et moi je veux du solaire, du positif, des accords majeurs car la vie est suffisamment difficile. Et là, c'est ce qu'ils me proposaient. J'ai pris six chansons. J'ai pioché dans ce que j'avais déjà. J'ai aussi demandé à deux auteurs de travailler sur un livre de Pierre Rabhi, *Le Recours à la terre*, pour raconter aux gens qu'il faudrait retourner faire son jardin. Et j'avais dix titres.[165] »

Dans son refuge patagon, Pagny hésite tout de même à se remettre au travail. « Il était méfiant et j'ai dû lui prouver que c'était un travail qui méritait son attention[166] », souligne Mathias Giunta.

Finalement, le chanteur se laisse convaincre par ces chansons assez bucoliques, faussement légères, qui nous ramènent à l'essentiel, le superflu ayant été emporté par le vent. « Cette rafale de vent te rappelle qu'à un moment tu peux aussi tout remettre en question et qu'il ne faut pas accorder autant d'importance à des tas de choses. J'ai bien fait d'aller profiter de ces rafales de vent, où je remets tout en question et où j'oublie mon enveloppe de chanteur et ma notoriété pour finalement n'être qu'un grain de sable, une petite fourmi au milieu de cette immensité.[167] » « Et pourtant, c'est si bon de penser/ Qu'une rafale de vent/ Pourrait tout emporter/ Pourrait nous emporter. »

La chanson « Rafale de vent » incite également à se laisser porter par les vents, à se rendre la vie plus facile, à ne pas perdre son énergie à lutter contre des vents contraires quand les éléments sont plus forts que nous. « Ça tombe bien, dans l'époque actuelle. La vie n'est pas si longue. On n'est pas tous faits pour la même chose. Il faut aller chercher une autre qualité de vie si on n'est pas content de celle qu'on a. Quand on peut, bien sûr. Moi, j'ai conseillé à mes enfants de trouver leur point fort et de le développer. On en a toujours un. Mon fils fait de la mécanique d'avion, ma fille de la photo. Mais

165. *Ouest-France*, 18 juin 2019.
166. *Sud-Ouest*, 10 juillet 2019.
167. DVD *Aime la vie.*

ça aurait pu être s'acheter une ferme, des poules et des lapins…[168] »

C'est d'ailleurs Ael qui a fait les photos de l'album *Aime la vie*. « Là où je suis assis sur la photo, c'est un lieu où je me pose souvent. Là, je regarde le coucher de soleil, sur un banc. Tous les soirs, c'est un spectacle différent. S'il y a des nuages, c'est encore mieux. C'est un pays venté, un lieu austère, et ça donne de sacrés couchers de soleil.[169] »

Cette « Rafale de vent » est un mélange de positif et de réalisme. « Il faut quand même être conscient, souligne Florent, qu'on n'est pas dans un monde tout rose et tout beau. Mais ce n'est pas pour ça qu'il faut se laisser avoir.[170] » Pour le chanteur, « la chance passe pour tout le monde. Juste, à un moment, il faut accorder un peu d'attention »[171] .

---

168. RFM, 11 mars 2019.
169. *Ouest-France*, 18 juin 2019.
170. *Sud-Ouest*, 10 juillet 2019.
171. Clique TV, 6 mars 2020.

« C'EST TA ROUTE »

LA CHANTEUSE PRODIGE

Ceux qui regardent « The Voice » le savent : le nom d'Anne Sila est indissociable de celui de Florent Pagny tant leur coup de foudre artistique a marqué le concours. Florent prend un immense plaisir à chanter avec sa protégée car leurs voix sont à l'unisson. Dès qu'il le peut, Florent l'embarque dans son sillage. C'est le cas sur l'album *Aime la vie*, où ils chantent en duo « C'est ta route », comme pour la guider vers le succès.

« C'est ta route, c'est ta destinée, ton étoile/ Au grand jour, avancer sans détour/ Et taire la peur au matin/ C'est ta route, c'est ta vérité, ton regard/ Vers le ciel à nul autre pareil/ Deviner le soleil. » En janvier 2015, Anne Sila se présente aux auditions à l'aveugle. Elle choisit d'interpréter « Je t'aimais, je t'aime, je t'aimerai ». Même s'il n'appuie pas tout de suite sur le buzzer, Florent est le premier à se retourner. Anne Sila, qui jusqu'à présent chantait dans la douceur, se met à donner de la voix, il en reste bouche bée, subjugué.

Elle le choisit pour coach. Il la conduit jusqu'en finale où, contre toute attente, elle s'incline face à Lilian Renaud. Un regret pour Florent : « Depuis que "The Voice" existe, il n'y a eu aucun artiste qui soit aussi performant, aussi précis, aussi classe qu'Anne Sila. Elle avait un truc qui me bluffait à chaque fois, elle me provoque quelque chose qui me donne le frisson et me tire les larmes. Sur cette finale, je trouvais qu'Anne Sila était beaucoup plus performeuse et qu'il n'y avait pas photo. Lorsqu'on a appris les résultats, je me suis retrouvé à ne pas être content, alors je me suis dit : "Détends-toi, vieux, remets les pieds sur terre." Ça m'a dérangé, j'ai pensé à lever le pied, à ne pas faire la saison 5 à cause de ça. Je n'étais pas content de moi, de m'être fait autant attraper. Après réflexion, je me suis dit que c'était la règle du jeu, cela aurait été bête d'abandonner à cause de ça, justement. Je ne suis pas quelqu'un qui triche, je n'arrive pas à cacher qui je suis ni les sentiments ou mes émotions.[172] »

Des émotions, il ne va pas en manquer lors du concours "The Voice All Stars" qui réunit les grands talents qui n'ont pas gagné l'émission afin de leur donner une seconde chance. À croire que l'émission a été créée pour Anne Sila ! Le 11 septembre 2021, la chanteuse est de retour avec une chanson au titre évocateur : « Je reviens te chercher » de Gilbert Bécaud. Anne Sila revient chercher le public, peut-être son prix qui lui avait été usurpé, et Florent Pagny qui a reconnu sa voix dès les premières notes.

Une larme roulant sur sa joue, Florent Pagny s'adresse à la chanteuse à la fin de sa prestation : « Anne Sila… Je suis content de te voir. Moi, je ne sais plus les saisons, mais je sais que c'est Anne et que l'on a vécu des choses extraordinaires. Elle n'a pas passé une finale qu'elle avait largement gagnée.

172. *Télé Star*, 23 janvier 2016.

J'espère que tu viendras avec moi, comme ça on finira ce qu'on a commencé. C'est vrai que si tu ne revenais pas, cela me ferait quelque chose. Mon regret, c'est toujours cette putain de finale où ce n'est pas passé, et là, te voir revenir et participer à toute cette aventure, je me dis : "Bon ben voilà, on va peut-être terminer ce qu'on avait commencé." »
« Je ne me vois pas recommencer sans Florent », souffle la chanteuse. Et cette fois-ci, Florent accompagnera Anne jusqu'à la victoire.

La jeune femme multiplie les expériences. En 2017, elle joue le rôle de Marie dans la fresque musicale à succès *Jésus, de Nazareth à Jérusalem*, de Pascal Obispo. En 2019, elle prête sa voix à Nala, personnage fictif du film d'animation *Le Roi lion* des studios Disney, ainsi qu'à la chanson « L'amour brille sous les étoiles ».

Le 4 juin 2021, elle fait une surprise à Florent Pagny en interprétant « Et un jour, une femme » dans « La Boîte à secrets » sur France 3. En 2024 sort son nouveau single, « Le Goût des choses », mais, au grand dam de Florent Pagny, elle n'occupe pas encore la place qu'elle mérite dans le métier. Elle n'a pas trouvé *la* chanson qui lui permettra de faire décoller sa carrière.

« J'Y VAIS »

LA PLUS GRANDE VOIX DE FRANCE

Depuis des années, Fiori rêve d'accrocher à son tableau de chasse des duos le nom de Florent Pagny, la plus grande voix de France selon lui. Réponse de l'intéressé : « Viens quand tu auras la chanson. » Elle s'appelle « J'y vais », composée sur mesure par Patrick Fiori sur un texte très touchant de Bruno Guglielmi, et fait la part belle à l'enfant en nous qui regarde du coin de l'œil l'adulte qu'on est devenu !

« Il est là/ Il est la voix qui nous chante/ Joli fantôme qui nous hante/ Cet enfant qui ne nous quitte pas/ Toute ma vie vient de la sienne/ Toute sa vie tient dans mes veines. » Sur le plateau de « 20 h 30 le dimanche », le 1er novembre 2020, Florent Pagny se souvient : « Patrick, c'est vrai, il y a déjà une dizaine d'années, il m'a pris dans les yeux et il m'a dit : "Je veux chanter avec toi ". Je lui ai dit : "Tu sais, avec toi, ce serait un vrai plaisir, et on n'est pas beaucoup dans ce registre de ceux qui envoient un petit peu. Quand on a nos voix, on ne peut pas se permettre de faire ça à moitié, il faut une vraie chanson." Et chaque fois que l'on se croisait, il me reparlait du duo, et je lui répondais : “Tu as la chanson ?” Cet été, il m’a contacté, il avait la chanson ! »

Quand il choisit la chanson, Florent n’a entendu que la mélodie, le texte de Bruno Guglielmi n’est pas encore écrit. Mais il est partant. « J’y vais à mille pour cent ! Il n’y avait pas les paroles, mais quand tu entends la musique, tu te dis : “Là, tu me proposes un petit bijou, et tant mieux parce que tu vas me faire rechanter, parce qu’avec le temps on prend l’habitude de descendre un petit peu, de se mettre un petit peu confortable. Tout d’un coup, il faut envoyer. Il y a cette note avec cette envolée mélodique, et là tu te dis : “J’y vais avec plaisir !”[173] »

La patience de Patrick Fiori a payé. Le duo figure sur son album *Un air de famille*. Une vraie fierté ! « Je voulais chanter avec lui, déjà parce que je l’apprécie beaucoup. C’est vraiment quelqu’un… Je ne vais pas dire le mot “fan”, mais on n’en est pas loin. Il savait que je voulais chanter avec lui depuis longtemps, je pense qu’il attendait la bonne chanson. Une fois que je l’ai eue en main, j’ai réussi – et croyez-moi, ce n’est pas une mince affaire – à le choper au téléphone entre la Patagonie, le Portugal ou la France.[174] »

Les deux artistes se retrouvent le 4 février 2022 sur les terres de Fiori pour l’enregistrement du clip de la chanson « Terra Corsa », le premier single de l’album *Corsu Mezu Mezu 2*, formidable aventure qui mêle chanteurs du continent et chanteurs corses. Sur la pointe de la Parata, Pagny et Fiori sont entourés de Patrick Bruel et Jean-Charles Papi. Un cocon de bienveillance pour Florent Pagny qui a annoncé souffrir d’un cancer du poumon dix jours auparavant. « Chimio commencée, mais la vie continue. Très belle

173. « 20 h 30 le dimanche », France 2, 1er novembre 2020.
174. M Radio, 22 novembre 2020.

journée en Corse avec mes camarades de chant », poste le chanteur sur Instagram.

Lors du concert *Corsu Mezu Mezu*, le samedi 28 octobre 2023, à La Défense Arena, le quatuor est reconstitué pour chanter « Terra Corsa ». L'arrivée sur scène de Florent Pagny déclenche une vague d'émotion inoubliable.

« L'AVENIR »

UN INVINCIBLE ÉTÉ

On n'a pas tous les jours 60 ans... Pour être à la hauteur de cet anniversaire, Florent Pagny confie à Calogero la réalisation et la composition de *L'Avenir*, son nouvel album. La chanson qui donne le titre à l'opus est écrite par un monstre sacré de la chanson française : Serge Lama. L'auteur livre une leçon d'optimisme légèrement utopique aux allures de cure de jouvence.

« La société sera juste/ Les bons auront le pouvoir/ Les gentils auront leur buste/ Dans les allées du devoir/ Plus de rixe, de querelle/ Plus de monument aux morts/ Les rues deviendront si belles/ Qu'on vivra presque dehors. » « Je ne m'y attendais pas ! C'est la première que j'ai écoutée, j'ai dit à Calogero : "Waouh, la musique est fantastique ! J'ai tout de suite envie de chanter. Et ce texte plein d'espoir, d'une utopie un peu enfantine, fait tellement de bien ! Bravo, le gamin qui a fait ça !" Calogero me répond : "Le gamin ? C'est Serge Lama !" C'est encore mieux ! Que Serge Lama, à 74 ans, écrive un texte avec tant d'espoir et de jeunesse, c'est une bonne nouvelle. Je le remercie. D'où aussi le titre de l'album.[175] »

Pour trouver les bonnes chansons, Florent Pagny se repose sur Calogero, qui avait déjà entièrement réalisé l'album *Vieillir avec toi*, en 2013, et qui sait mieux que personne comment habiller sa voix. « J'ai un mode de fonctionnement particulier. Je suis interprète. Je ne fais que chanter, mais c'est un peu animal. J'ai besoin de m'exprimer vocalement, d'interpréter des chansons. Je suis exigeant sur leur qualité, mais j'ai la chance de connaître des artistes qui font de très belles chansons. En l'occurrence, pour *L'Avenir,* je parle de Calogero, qui a réuni une très belle équipe et qui a un talent extraordinaire. Sur les onze chansons qu'il m'a proposées, j'en ai pris dix ! Tout était parfaitement calibré. Je n'avais qu'à chanter et à lui laisser faire le reste. Avec Calogero, je n'ai pas à écouter trois cents titres pour en trouver dix.[176] »

Le clip de la chanson est également particulier puisque l'on y voit Inca Pagny à bord d'un avion puis graffant le sigle de la paix avec des cœurs multicolores sur le mur d'un hangar. Un coup de pouce de papa Pagny à son fiston. « Il a vraiment sa licence de pilote. Il a fait mécanique moto, mécanique auto et deux ans avion. Ensuite, il a passé son brevet de pilote, et puis quand il a eu fini de faire tout bien comme il faut, il est parti avec un copain faire du street art, et c'est tellement bien que, dans la région, toutes les municipalités les ont appelés pour aller recouvrir les cabines EDF parce qu'elles étaient moches, en leur demandant de venir avec leurs créations. Ça commence à prendre un peu. Ils s'appellent Dimka, et j'ai trouvé cela tellement bien que

175. RFI, 24 septembre 2021.
176. France Bleu, 27 septembre 2021.

je me suis dit qu'on pourrait utiliser tout ça, et puis voilà, l'idée du clip est venue.[177] »

« Peace and Love » semble le leitmotiv du Florent sexagénaire : « Oui ! J'arrive à 60 ans, j'ai fait ce que j'avais à faire. Cela s'est plutôt bien passé, je ne vais pas m'énerver ou être révolté. Notre fonction, c'est d'envoyer des messages. Alors il vaut mieux qu'ils soient positifs pour accompagner un quotidien qui ne l'est pas toujours, notamment dernièrement. C'est pourquoi il vaut mieux, selon moi, dire, comme dans "L'Avenir", que l'avenir sera non violent et envoyer des messages d'espoir.[178] » Quelquefois, l'optimisme des chansons est rattrapé par une réalité moins heureuse. Florent Pagny est contraint d'ajourner sa *Tournée des 60 ans*, touché par un cancer du poumon. Lorsqu'il remonte sur scène, le temps de quelques festivals, à l'été 2023, comme un joli clin d'œil à la vie, il termine son tour de chant par « L'Avenir », comme un écho à cette phrase d'Albert Camus : « Au beau milieu de l'hiver, j'ai découvert en moi un invincible été. »

---

177. « Le 8/9 », RTBF, 4 octobre 2021.
178. RFI, 24 septembre 2021.

« L'INSTINCT »

« SOIT JE GAGNE, SOIT J'APPRENDS »

Son ami Philippe Starck dit de Florent Pagny qu'il a des antennes vibratiles que même les chats de concours n'ont pas ! Il n'est donc pas difficile de penser que « L'Instinct », premier single de l'album *L'Avenir*, est la chanson qui cerne au plus près sa personnalité. Dès son plus jeune âge, le chanteur a transformé ses intuitions en ses plus fidèles alliées.

« C'est une chanson qui me raconte assez bien. J'ai fait tout un parcours très lié à mes intuitions et à mon instinct. J'ai tendance à dire qu'aujourd'hui, en vieillissant, j'ai un peu plus d'expérience que d'instinct. Finalement, au départ, il y a des tas de choses que tu ne sais pas, et il faut que tu fasses des choix et que tu prennes des directions. C'est grâce à cet instinct que cela se passe bien ou pas.[179] » Fuyant les études de sténodactylo que l'Éducation nationale lui réserve, quel gamin de 15 ans, comme poussé par une force invisible, sent que c'est à Paris qu'il trouvera son salut ? Qui a eu la patience d'attendre plus de dix ans avant de sortir son

179. RTL, 7 mai 2021.

premier disque pour ne pas gâcher ses chances avec un titre médiocre ? Qui a insisté pour reprendre « Caruso » contre l'avis des professionnels ? Dans sa vie privée, qui a dessiné, adolescent, le portrait d'une jolie brune aux cheveux longs très noirs que lui-même ne connaissait pas ? Il lui a suffi ensuite de reconnaître Azucena. « J'ai cherché l'amour loin devant/ Je me suis trouvé en passant/ Au détour d'un après/ Elle était où je l'attendais. »

Pour le texte de la chanson, Florent Pagny retrouve Bruno Guglielmi, dont il a déjà chanté les mots dans « J'y vais », son duo avec Patrick Fiori. « Il a bien compris qui je suis. Notamment quand il écrit "Soit je gagne, soit j'apprends". Le succès, ça passe vite, et tu ne retiens pas forcément beaucoup de choses. L'échec, tu en retiens énormément ![180] »

La musique est signée Gioacchino Maurici, le frère aîné de Calogero. La chanson ne comporte pas de refrain, c'est un crescendo sur quatre minutes… Florent Pagny avait enregistré sa voix, mais Calogero lui a demandé de retourner en studio pour ajouter une note haut perchée. Florent analyse : « Elle a surtout une vraie production à la Ravel. C'est une drôle de chanson, ce n'est pas une chanson traditionnelle. Elle peut aller très loin, elle me fait un peu penser au "Soldat" avec ce côté "marche". Entre la production, la musique et le thème, il peut tout se passer ![181] »

180. *20 Minutes*, 17 septembre 2021.
181. RTL, 7 mai 2021.

« ENCORE »

LE SUCCESSEUR

Florent Pagny a été le témoin privilégié des premiers pas de Kendji dans la lumière. Kendji, lui, a été biberonné aux tubes de Florent Pagny. Ensemble, ils s'attachent à redonner leurs lettres de noblesse aux interprètes et à une certaine idée de la chanson populaire.

La première rencontre entre Florent Pagny et Kendji Girac ressemble à un rendez-vous manqué. En janvier 2014, du haut de ses 17 ans, Kendji se présente guitare à la main sur le plateau de « The Voice ». Il reprend « Bella » de Maître Gims. Pourtant féru d'airs latino, le juré Pagny reste de marbre. Le fameux fauteuil rouge ne se retourne pas. Seul Mika décèle un potentiel artistique chez le jeune gitan, changeant ainsi sa destinée. Kendji remporte le concours et devient l'un des plus gros vendeurs de disques de l'Hexagone dans les années qui suivent.

Le 2 avril 2023, sur le plateau de « 20 h 30 le dimanche » sur France 2, Florent Pagny reconnaît son erreur. « Mika a eu le bon buzz. Nous, on s'est fait un peu larguer à ce moment-là. On a pu découvrir par la suite ce que Kendji était capable de faire... Son évolution est impressionnante. Ce môme, en dix ans, a pris sa place. »

Compétiteur dans l'âme, Florent Pagny a avoué qu'il n'arrivait pas à se projeter plus loin dans la compétition avec la « Color Gitano » du jeune gitan à l'accent catalan.

Dans la famille Maillé, vrai patronyme de Kendji, Florent Pagny est une idole. « Dans ma famille, tout le monde l'adore, que ce soit mon père, mon frère, ma mère, mes sœurs... On l'adore parce que c'est un chanteur à voix, et chez nous, on aime les chanteurs à voix ![182] » Un chanteur à voix qui, comme Kendji, connaît tout le répertoire de Luis Mariano !

Même s'il en rêve depuis de nombreuses années, Kendji Girac attend la conception de son cinquième album, *L'École de la vie*, pour demander à Monsieur Pagny de chanter en duo avec lui. La chanson « Encore » est écrite par Vianney et Renaud Rebillaud. « Ramenez-moi/ Rendez le soleil/ Pour que l'envie me revienne/ Et que tout m'émerveille. » Un texte mélancolique sur le poids du temps qui passe, emportant toute légèreté, ce qui résonne d'une manière singulière lors de l'enregistrement de la chanson en studio. Kendji avait enregistré sa partie au préalable. Au tour de Florent Pagny de poser sa voix. Il l'enregistre entre deux séances de chimiothérapie. Kendji raconte la séance au micro de Chante France, le 28 avril 2023 : « Ça faisait longtemps que Florent n'avait pas rechanté. Il était content de rechanter pour voir si sa puissance était toujours là. Il a failli casser le micro ! J'étais à la fois très ému, très content et très impressionné. Cela s'est très bien passé, il a chanté comme un dieu, comme il le fait depuis toutes ces années. »

182. Pure Charts, 12 novembre 2022.

Parti se ressourcer en Patagonie, Florent Pagny invite Kendji à tourner le clip de la chanson sur ses terres. Le jeune chanteur est bouleversé par cette invitation. Ce qui l'attend sur place va le remuer bien plus. Florent Pagny vient d'apprendre qu'il a rechuté. Il doit rentrer en France pour suivre un traitement d'immunothérapie. Mais pour le chanteur, on n'est pas à une semaine près. Il tient ses engagements et tourne le clip. « Ce n'est pas qu'un clip, pour moi, ni un tournage… Franchement, c'est gentil et ça m'a vraiment touché, de m'avoir fait découvrir ta terre, c'était juste énorme. Tu m'as accepté chez toi, j'ai connu la famille, j'ai passé des moments incroyables, et voilà, ce sont des moments que je n'oublierai jamais, donc la chanson, ta terre de cœur, tout ça, sont très chers pour moi, alors merci beaucoup », écrit Kendji sur son Instagram. Le jeune chanteur est très impressionné par le courage de son aîné qui, de surcroît, annonce aux caméras de TF1 dans le magazine « Sept à huit » qu'il a rechuté ! Kendji témoigne : « Florent a un très fort caractère qui lui a permis de traverser cette épreuve. J'aime cela. Avec lui, il n'y a pas de chichis, et j'adore.[183] »

Le 2 avril 2023, les deux artistes se retrouvent dans l'émission « 20 h 30 le dimanche » sur France 2. Florent vient promouvoir son autobiographie et chanter en duo avec Kendji. L'émotion est palpable. Du chagrin et de la bienveillance dans le regard de Kendji, quand celui-ci se pose sur Florent redevenu chauve. De la tendresse dans celui de Florent qui, en regardant Kendji, se revoit quelques années en arrière. Tous deux sont d'origine modeste, ils ont quitté le système scolaire très tôt et doivent à leur voix de les avoir sortis du déterminisme social…

---

183. *Télé Loisirs*, 25 juillet 2023.

« UN HOMME »

LE PHÉNIX

Dans son album *À 2 à 3* entièrement constitué de duos et de trios, Vianney fait une place de choix à Florent Pagny en lui écrivant un titre sur mesure : « Un homme ». Des liens étroits unissent les deux hommes, que trente ans séparent. Vianney considère Florent Pagny comme son phare.

« Depuis qu'il m'a invité à faire ses premières parties en 2014 et qu'il m'a pris sous son aile, qu'on s'est retrouvés dans le jury de "The Voice", nous avons un lien très puissant. Je le suivrais aveuglément », confie Vianney au sujet de Florent Pagny dans *Le Parisien* daté du vendredi 1er septembre 2023. Lors de ses premières scènes, juste après la sortie de sa chanson « Pas là », Vianney a pu bénéficier des précieux conseils de Florent Pagny, notamment dans la manière d'appréhender le public, à savoir le laisser venir à soi sans le brusquer. En l'écoutant chanter chaque soir, Florent Pagny sent que Vianney n'a rien d'un feu de paille et que la chanson française va devoir compter avec lui les prochaines années. Les deux artistes se retrouvent aussi dans une valeur désuète pour certains : une gentillesse non feinte.

« Y'a comme dans mon corps un orage/ C'est le temps qui vient gronder/ Et qu'il m'emporte, qu'il me dégage/ Je sourirai », fait chanter Vianney à Florent Pagny dans « Un homme ». Vianney explique : « On a enregistré cette chanson en septembre 2022. Elle lui va bien, je trouve. Elle parle de notre vulnérabilité en tant qu'homme, aussi légendaire soit-on. Je trouvais ça bien qu'il chante ces mots, avec ce qu'il venait de traverser. Je lui fais aussi parler de sa résilience et de sa capacité à se relever. Florent, c'est ça, tout le temps. Là, il y a le cancer qui cristallise tout, mais il a aussi connu les traversées du désert, qu'il a domptées et transformées en or. C'est un guerrier.[184] » « Quand vient l'automne/ Il faut savoir tomber, tomber/ Il faut savoir tomber, tomber/ Et comme un homme/ Se relever. »

À la même période, Florent Pagny prépare lui aussi un album de duos : *2 bis*, deuxième volet de *2*, opus sorti en 2001. Il demande à Vianney de partager avec lui « Vesoul », de Jacques Brel. En 2007, Florent publiait *Pagny chante Brel*, un disque sur lequel il reprenait des chansons du grand Jacques, et « Vesoul » était bien sûr du voyage.

Pour l'enregistrement, il n'est nullement question de prendre la voix de l'un puis de l'autre : « Vesoul » est un duo à l'ancienne, mettant en exergue la complicité entre les deux artistes. « C'est rare de pouvoir faire un vrai duo, et ça change tout dans l'interprétation. L'un veut convaincre l'autre, il faut être présent à chaque prise, c'est un sport collectif. Et Florent était au top. Je pense qu'il a kiffé aussi, qu'il a vécu ces heures en studio autant comme des

184. *Télé Loisirs*, 13 novembre 2023.

moments d'amitié que de travail », se souvient Vianney dans les colonnes du *Parisien* du 1er septembre 2023, avant de conclure, en dressant un portrait de Florent Pagny des plus fidèles : « Il est très aimé dans le métier car il a énormément de cœur. On n'imagine pas le degré de finesse et d'élégance qu'il y a derrière le bulldozer au fort caractère. »

REMERCIEMENTS

Merci à Florent Pagny qui, en plus d'être un grand chanteur, est un homme de valeurs.

Merci puissance un milliard à Clément Ronin, mon éditeur, pour sa patience – un pléonasme à ce stade-là –, sa bienveillance, sa manière élégante de me ramener sur la rive, pour les titres rock'n'roll et les virgules bleues !

Merci à Thierry Barbelivien, Stéphane Deschamps, Éric Jean-Jean, Cathy Tiennot, Augustine Crosnier et Aro Sáinz de la Maza.

Merci à Messi, Myrtille, Chaussette, Bouboule et Rikiki d'avoir partagé mes nuits avec Pagny !

Composition et mise en pages
Nord Compo à Villeneuve-d'Ascq

Imprimé en France par
CPI Bussière
en octobre 2024
N° d'impression : 2077451